トクとトクイになる！ 小学ハイレベルワーク

2年 国語 もくじ

WEB CBT（Computer Based Testing）の利用方法
コンピュータを使用したテストです。パソコンで下記 WEB サイトへアクセスして，アクセスコードを入力してください。スマートフォンでのご利用はできません。

アクセスコード／Bkbbba65

https://b-cbt.bunri.jp

編集協力：岡崎千佳子／イラスト：ユニックス

この本の特長と使い方

この本の構成

知っトク！ ポイント

この本で学習《がくしゅう》する内容《ないよう》を章《しょう》ごとにまとめたページです。覚《おぼ》えておくべきことや問題《もんだい》を解《と》くうえで役立《やくだ》つポイントなどが書いてあります。よく読んでから学習《がくしゅう》を始《はじ》めましょう。

標準レベル

実力《じつりょく》を身《み》につけるためのステージです。教科書レベルの学習内容《がくしゅうないよう》で、土台となる基礎《きそ》的《てき》な力を養《やしな》います。わからなくなったときは、「知っトク！ ポイント」に戻《もど》って確《かく》認《にん》しましょう。

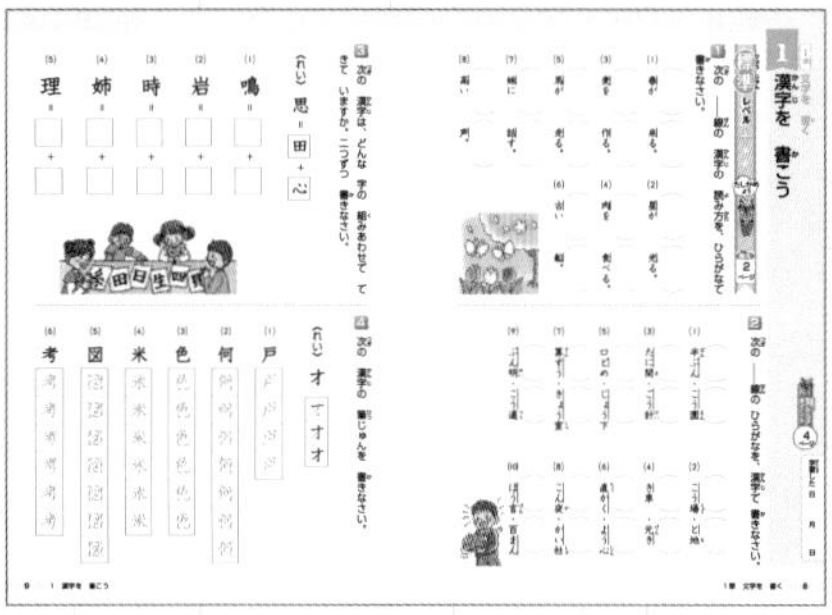

ヒント

標準《ひょうじゅん》レベルには問題《もんだい》を解《と》くためのヒントがあります。解《と》き方のポイントや注目《ちゅうもく》すべき点などが書いてありますので、参考《さんこう》にしながら解《と》いてみましょう。

とりはずし式 答えと考え方

ていねいな解説《かいせつ》で、解《と》き方や考え方をしっかりと理解《りかい》することができます。まちがえた問題《もんだい》は、時間をおいてから、もう一度《いちど》チャレンジしてみましょう。

注意する言葉

読解問題《どっかいもんだい》の文章《ぶんしょう》から、覚《おぼ》えておきたい言葉《ことば》を取《と》り上げています。辞書《じしょ》で意味《いみ》を調《しら》べて、語彙力《ごいりょく》をみがきましょう。

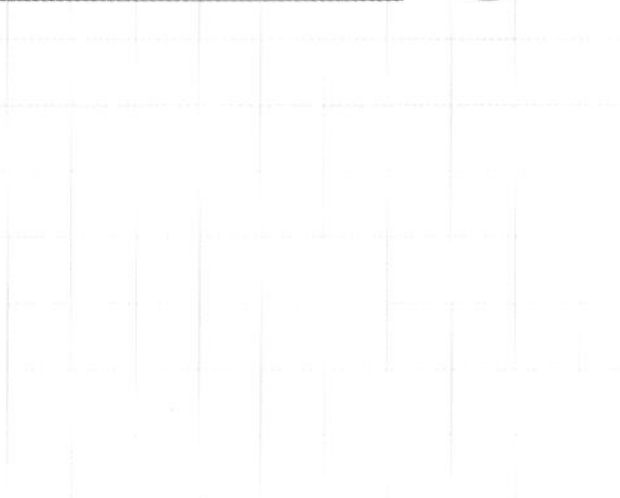

『トクとトクイになる！小学ハイレベルワーク』は，教科書レベルの問題《もんだい》ではもの足りない，難《むずか》しい問題《もんだい》にチャレンジしたいという方を対象《たいしょう》としたシリーズです。段階別《だんかいべつ》の構成《こうせい》で，無理《むり》なく力をのばすことができます。問題《もんだい》にじっくりと取《と》り組むという経験《けいけん》によって，知識《ちしき》や問題《もんだい》を解《と》く力だけでなく，「考える力」「判断《はんだん》する力」「表現《ひょうげん》する力」の基礎《きそ》も身《み》につき，今後の学習《がくしゅう》をスムーズにします。

ハイレベル ✦✦

少し難度《なんど》の高い問題《もんだい》を練習《れんしゅう》して、応用力《おうようりょく》を養《やしな》うためのステージです。ハイレベルな問題《もん》題《だい》を解《と》くことで、実力《じつりょく》の完成《かんせい》をめざします。

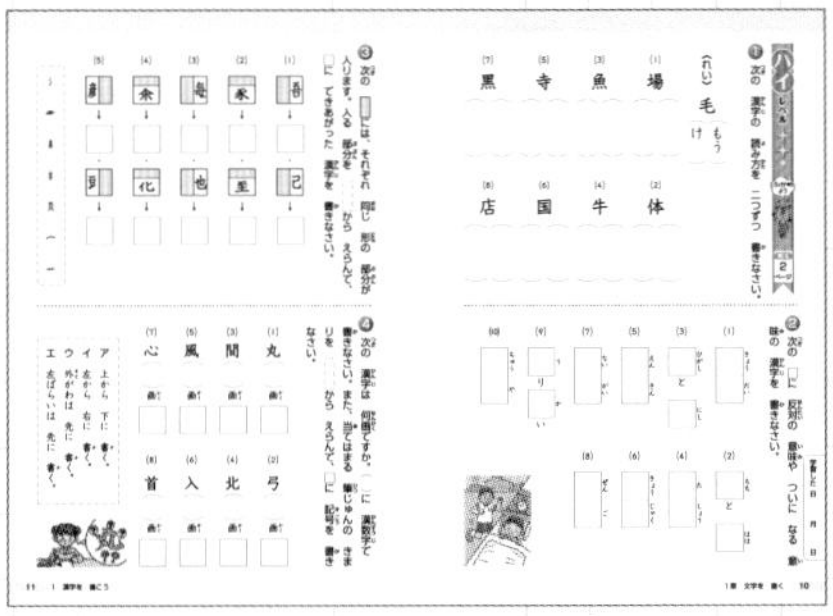

チャレンジテスト ✦✦✦

テスト形式《けいしき》で、章《しょう》ごとの学習《がくしゅう》内容《ないよう》を確認《かくにん》するステージです。時間をはかって取《と》り組んでみましょう。発展的《はってんてき》な問題《もんだい》にも挑戦《ちょうせん》することで、実践力《じっせんりょく》を養《やしな》うことができます。

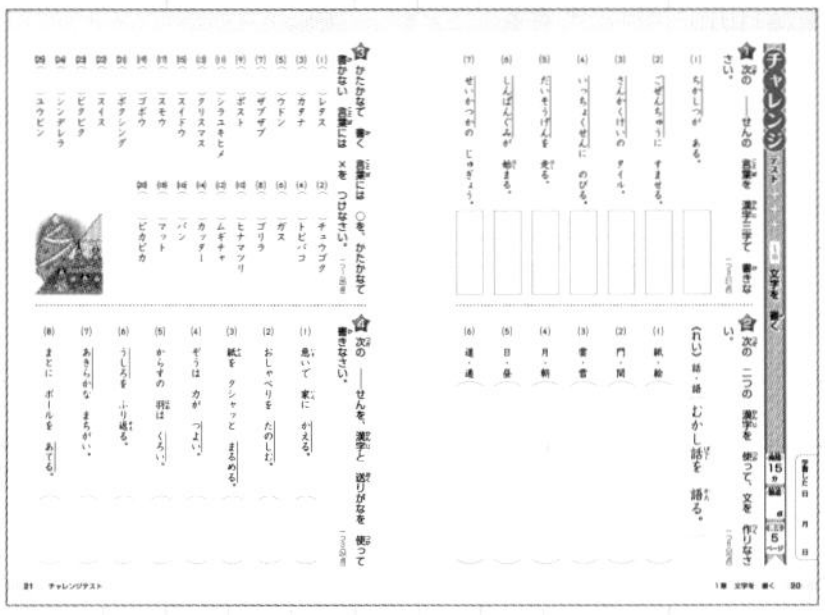

役立つふろくで、レベルアップ！

❶ トクとトクイに！ しあげのテスト

この本で学習《がくしゅう》した内容《ないよう》が確認《かくにん》できる、まとめのテストです。学習内容《がくしゅうないよう》がどれくらい身《み》についたか、力を試《ため》してみましょう。

❷ 一歩先のテストに挑戦！ 自動採点CBT

コンピュータを使用《しよう》したテストを体験《たいけん》することができます。専用《せんよう》サイトにアクセスして、テスト問題《もんだい》を解《と》くと、自動採点《じどうさいてん》によって得意《とくい》なところ（分野《ぶんや》）と苦手《にがて》なところ（分野《ぶんや》）がわかる成績表《せいせきひょう》が出ます。

「CBT」とは？

「Computer Based Testing」の略称《りゃくしょう》で、コンピュータを使用《しよう》した試験方式《しけんほうしき》のことです。受験《じゅけん》、採点《さいてん》、結果《けっか》のすべてがWEB上で行われます。

専用《せんよう》サイトにログイン後、もくじに記載《きさい》されているアクセスコードを入力してください。

https://b-cbt.bunri.jp

※本サービスは無料ですが，別途各通信会社からの通信料がかかります。
※推奨動作環境：画角サイズ　10インチ以上　　横画面
　［PCのOS］Windows10以降　　［タブレットのOS］iOS14以降
　［ブラウザ］Google Chrome（最新版）　Edge（最新版）　safari（最新版）
※お客様の端末およびインターネット環境によりご利用いただけない場合，当社は責任を負いかねます。
※本サービスは事前の予告なく，変更になる場合があります。ご理解，ご了承いただきますよう，お願いいたします。

1章《しょう》 文字を書《か》く
▼8～21ページ

筆《ひつ》じゅんの　きまり　※れいがいも　あります。

①上から　下　れい　一→二→三
②左から　右　れい　丿→川→川
③横《よこ》から　たて　れい　一→十→土
④真《ま》ん中が　先　れい　亅→才→水→水
⑤かこむ　形《かたち》は　外《そと》が　先　れい　丨→冂→月→日

送《おく》りがなの　きまり　※れいがいも　あります。

原則《げんそく》① **形《かたち》が　かわる　言葉《ことば》は、形《かたち》が　かわる　部《ぶ》分《ぶん》から**　送《おく》りがなを　つけます。

れい　立たない　立ちます　立つ

〈れいがい〉「……しい」で　終《お》わる　言葉《ことば》は、「し」から　つけます。

れい　楽《たの》しい　正しい

〈れいがい〉　読《よ》みまちがえやすい　言葉《ことば》は、形《かたち》が　かわる　部分《ぶぶん》の　前《まえ》から　送《おく》りがなを　つけます。

れい　上《あ》がる（「上《のぼ》る」と　くべつする　ため）

原則《げんそく》② 物《もの》の　名前《なまえ》など、**形《かたち》が　かわらない　言葉《ことば》には、送《おく》りがなを　つけません。**　れい　林　雨

2章《しょう》 短《みじか》い　文を　書《か》く
▼22～35ページ

「、」（読点《とうてん》）を　つける　ところ

- 主語《しゅご》（だれが・何《なに》が）と　述語《じゅつご》（どうする）が　はなれて　いる　ときの、**主語《しゅご》の　あと。**

れい　ぼくは、一人で　駅前《えきまえ》の　店《みせ》に　行《い》った。

- **「　」で　かこんだ　会話文《かいわぶん》の　前《まえ》。**

れい　お母《かあ》さんは、「ごはんよ。」と　言《い》った。

- **文と　文を　つなぐ　言葉《ことば》の　あと。**

れい　弟《おとうと》が　転《ころ》んだ。けれど、なかなかった。

- **感動《かんどう》や　よびかけ、返事《へんじ》を　表《あらわ》す　言葉《ことば》の　あと。**

れい　わあ、きれいな　花。

敬語《けいご》の　しゅるい

- ていねい語《ご》…相手《あいて》に　対《たい》して、ていねいに　言《い》う　言葉《ことば》。　**れい**　わたしが　話《はな》します。
- そんけい語《ご》…相手《あいて》や　話題《わだい》に　なって　いる　人を　うやまう　気持《きも》ちを　表《あらわ》す　言葉《ことば》。

れい　先生が　お話《はな》しに　なる。

- けんじょう語《ご》…自分《じぶん》が　へりくだる　ことで、相手《あいて》を　うやまう　気持《きも》ちを　表《あらわ》す　言葉《ことば》。

れい　わたしが　先生に　お話《はな》しする。

とくべつな　言《い》い方《かた》を　する　敬語《けいご》

	そんけい語《ご》	けんじょう語《ご》
言《い》う	おっしゃる	申《もう》す・申《もう》しあげる
食《た》べる	めしあがる	いただく
行《い》く	いらっしゃる	まいる・うかがう
見る	ごらんになる	はいけんする

3章《しょう》　短《みじか》い　文を　読《よ》む　▼36～49ページ

つなぎ言葉《ことば》（接続語《せつぞくご》）

つなぎ言葉《ことば》の　れい	はたらき
だから それで	前《まえ》の　事《こと》がらを　受《う》けて、その　**けっかが　あとに**　くる。
しかし でも	前《まえ》の　事《こと》がらと　**反対《はんたい》**の　事《こと》がらが　あとに　くる。
また そして	前《まえ》の　事《こと》がらに　あとの　事《こと》がらを　**ならべたり　つけくわえたり**　する。
それとも あるいは	前《まえ》の　事《こと》がらと　あとの　事《こと》がらの　どちらかを　**えらぶ**。
つまり たとえば	前《まえ》の　事《こと》がらを　**まとめたり、せつめいを　つけくわえたり**　する。
では ところで	前《まえ》の　事《こと》がらから　**話題《わだい》を　かえる**。

こそあど言葉《ことば》（指示語《しじご》）

「これ・それ・あれ・どれ」などのように、何《なに》かを　指《さ》し示す　ときや、たずねる　ときなどに　使《つか》う　言葉《ことば》。

こ	**自分《じぶん》に　近《ちか》い　もの**を　指《さ》す　とき。
そ	**相手《あいて》に　近《ちか》い　もの**を　指《さ》す　とき。
あ	**自分《じぶん》からも　相手《あいて》からも　遠《とお》い　もの**を　指《さ》す　とき。
ど	**はっきりしない　もの**を　指《さ》す　とき。

主語《しゅご》・述語《じゅつご》・しゅうしょく語《ご》

● 主語《しゅご》…文の　中で、「だれが（は）」「何《なに》が（は）」に　当《あ》たる　言葉《ことば》。

● 述語《じゅつご》…文の　中で、「どうする」「どんなだ」「何《なん》だ」「ある（いる・ない）」に　当《あ》たる　言葉《ことば》。

● しゅうしょく語《ご》…文の　中で、「どこで」「何《なに》を」「どのように」などを　表《あらわ》して、主語《しゅご》や　述語《じゅつご》を　くわしく　する　言葉《ことば》。

れい　ぼくは　プールで　泳《およ》いだ。
（ぼくは＝主語《しゅご》　プールで＝しゅうしょく語《ご》　泳いだ＝述語《じゅつご》）

知《し》っトク！ポイント　4章《しょう》〜6章《しょう》

4章《しょう》 いろいろな　文を　読《よ》む　▼50〜59ページ

詩《し》の　読《よ》み取《と》り方《かた》

(1) 詩《し》に　えがかれた　ものを　とらえます。

題名《だいめい》や　くり返《かえ》し　出て　くる　言葉《ことば》に　注目《ちゅうもく》します。

えがかれて　いる　ものの　色《いろ》、形《かたち》、動《うご》き、音など　を　思《おも》いえがきましょう。

(2) 詩《し》の　まとまりを　とらえます。

詩《し》の　「連《れん》」（一行空《いちぎょうあ》きで　区切《くぎ》られた　まとまり）に　注目《ちゅうもく》します。

(3) リズムや　ひょうげんの　くふうを　とらえます。

いろいろな　ひょうげん

- 同《おな》じ　言葉《ことば》を　くり返《かえ》す。

  れい　花が　さいた　花が　さいた

- 言葉《ことば》の　じゅんじょを　入れかえる。

  れい　わたしは　わすれない、君《きみ》の　ことを

- ある　ものを　他《ほか》の　ものに　たとえる。

  れい　雪《ゆき》が　花びらのように　まう。

- 人で　ない　ものを　人に　たとえる。

  れい　木が　大きく　うでを　広《ひろ》げて　いる。

5章《しょう》 物語文《ものがたりぶん》を　読《よ》む　▼60〜73ページ

物語文《ものがたりぶん》の　読《よ》み取《と》り方《かた》

(1) 登場人物《とうじょうじんぶつ》を　とらえます。

文章中《ぶんしょうちゅう》に　出て　くる　人の　名前《なまえ》や、名前《なまえ》を　表《あらわ》す　ひょうげんに　注目《ちゅうもく》します。

主人公《しゅじんこう》が　だれかを　とらえます。また、主人公《しゅじんこう》と　他《ほか》の　登場人物《とうじょうじんぶつ》との　かんけいを　とらえます。

(2) 場面《ばめん》・じょうけいを　とらえます。

＊場面《ばめん》…その　場《ば》の　様子《ようす》の　こと。

＊じょうけい…人物《じんぶつ》の　気持《きも》ちが　表《あらわ》れて　いる、ふうけいや　場面《ばめん》の　様子《ようす》の　こと。

- 「いつ」
- 「どこで」
- 「だれが（登場人物《とうじょうじんぶつ》）」
- 「どうした（出来事《できごと》）」

の　四つに　注意《ちゅうい》して　とらえます。

(3) 気持《きも》ちを　とらえます。

次《つぎ》のような　ところに　注目《ちゅうもく》します。

- 「うれしい」「悲《かな》しい」など、気持《きも》ちを　表《あらわ》す　言葉《ことば》。
- 登場人物《とうじょうじんぶつ》の　会話《かいわ》や、心《こころ》の　中の　声《こえ》。
- 登場人物《とうじょうじんぶつ》の　ひょうじょうや　行動《こうどう》、様子《ようす》。
- じょうけいの　えがかれ方《かた》。

(4)

● **気持《きも》ちの うつりかわりを とらえます。**

● **場面《ばめん》が かわると、**気持《きも》ちが かわる ことが あります。場面《ばめん》は、次《つぎ》のような ところで かわります。

・時間《じかん》が たつ。
・場所《ばしょ》が かわる。
・新《あたら》しい 人物《じんぶつ》が 出て くる。

● **気持《きも》ちが かわった きっかけを** つかみます。次《つぎ》のような ことが きっかけに なります。

・新《あたら》しく 起《お》きた 出来事《できごと》。
・他《ほか》の 人の 言葉《ことば》や 行動《こうどう》。
・主人公自身《しゅじんこうじしん》の 新《あたら》しい 行動《こうどう》。

6章《しょう》 せつめい文を 読《よ》む ▼74～87ページ

せつめい文の 読《よ》み取《と》り

(1)

● **話題《わだい》を とらえます。**

● 文章《ぶんしょう》の はじめの ほうの、**「なぜ……でしょう。」**や**「……に ついて 見て いきましょう。」**などの 文に 注目《ちゅうもく》します。

● **くり返《かえ》し 出て くる 言葉《ことば》に** 注目《ちゅうもく》します。

(2)

● **だんらくの 要点《ようてん》を とらえます。**

＊要点《ようてん》…中心《ちゅうしん》と なる 大事《だいじ》な 事《こと》がら。

● **つなぎ言葉《ことば》（接続語《せつぞくご》）に** 注目《ちゅうもく》して、文と 文との かんけいを とらえます。

れい 「なぜなら」→理由《りゆう》を のべる。

れい 「つまり」→前《まえ》の ないようを まとめる。

● **考《かんが》えを のべる ときの ひょうげんに** 注目《ちゅうもく》します。

れい 「～と 思《おも》う。」「～するべきだ。」「～だろう。」

● だんらくの **中心《ちゅうしん》と なる 文や 言葉《ことば》を** 見分《みわ》けます。

(3)

● **要旨《ようし》を とらえます。**

＊要旨《ようし》…筆者《ひっしゃ》が その 文章《ぶんしょう》で もっとも つたえたい ないようや 考《かんが》え。

● **文章《ぶんしょう》の 組《く》み立てを** とらえます。多《おお》くの 文章《ぶんしょう》は、**「話題《わだい》→せつめい→まとめ」**と いう 組《く》み立てに なって います。それぞれの だんらくが どこに 当《あ》たるのかを とらえます。

● 要旨《ようし》は まとめの だんらくに 書かれる ことが 多《おお》いので、**まとめの だんらくを 見つけると、**要旨《よう》を とらえる ことが できます。

1 漢字《かんじ》を 書《か》こう

標《ひょう》準《じゅん》レベル

たしかめよう

答《こた》え 2ページ

1 次《つぎ》の ——線《せん》の 漢字《かんじ》の 読《よ》み方《かた》を、ひらがなで 書《か》きなさい。

(1) 春が（　　）　来る。（　　）

(2) 星が（　　）　光る。（　　）

(3) 麦を（　　）　作る。（　　）

(4) 肉を（　　）　食べる。（　　）

(5) 馬が（　　）　走る。（　　）

(6) 古い（　　）　船。（　　）

(7) 妹に（　　）　話す。（　　）

(8) 高い（　　）　声。（　　）

2 次《つぎ》の ——線《せん》の ひらがなを、漢字《かんじ》で 書《か》きなさい。

知《し》っトク!ポイント 4ページ

(1) 半《はん》ぶん（　　）・こう（　　）園《えん》

(2) こう（　　）場《じょう》・と（　　）地《ち》

(3) たに（　　）間《ま》・ごう（　　）計《けい》

(4) き（　　）車・元《げん》き（　　）

(5) ロどめ（　　）・じょう（　　）下

(6) 直《ちょっ》かく（　　）・よう（　　）心《じん》

(7) 算《さん》すう（　　）・きょう（　　）室《しつ》

(8) こん（　　）夜《や》・かい（　　）社《しゃ》

(9) ぶん（　　）明《めい》・こう（　　）通《つう》

(10) ほう（　　）言《げん》・百まん（　　）

学習《がくしゅう》した日　月　日

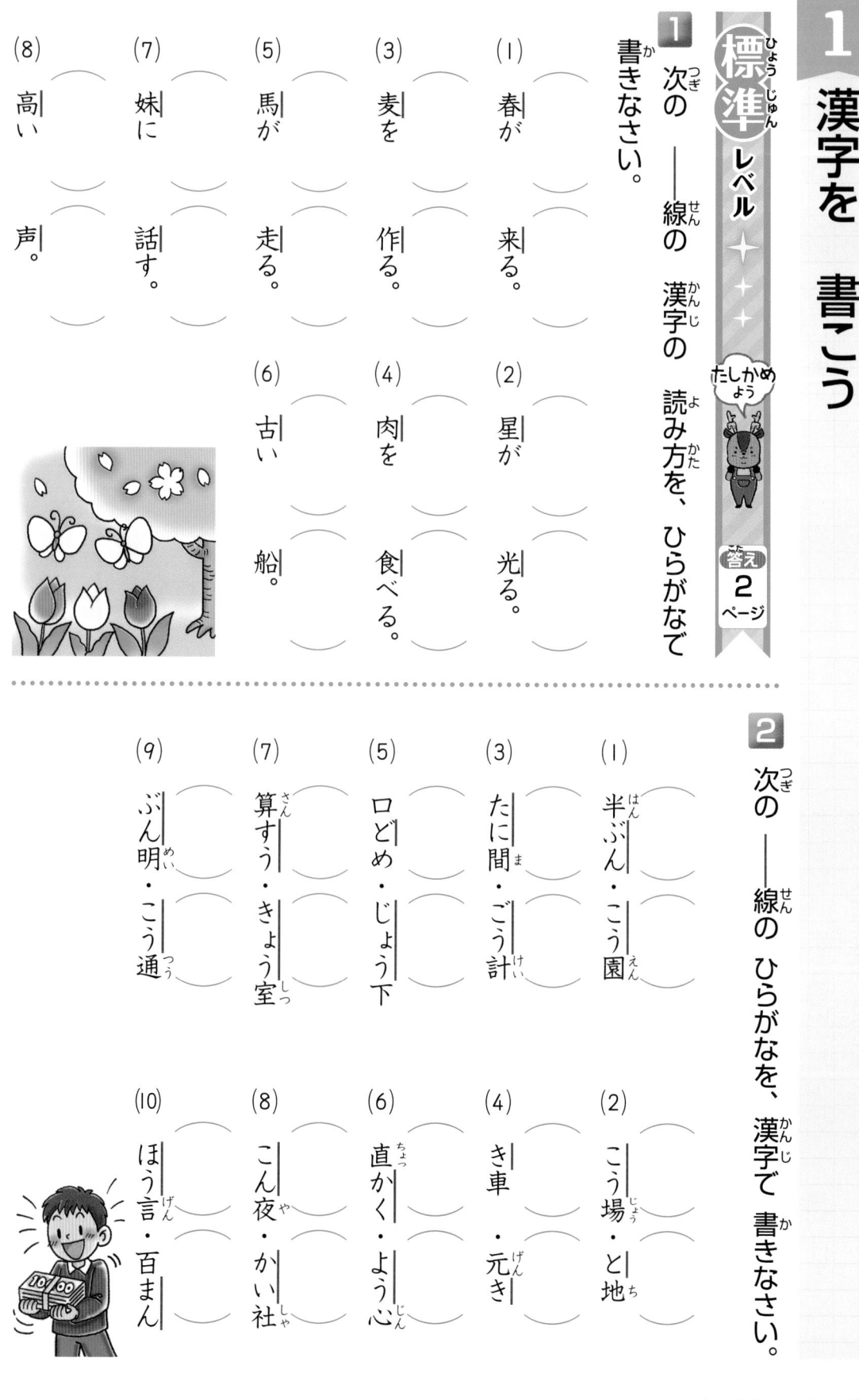

3 次《つぎ》の 漢字《かんじ》は、どんな 字の 組《く》みあわせで できて いますか。二つずつ 書《か》きなさい。

《れい》 思 ＝ 田 ＋ 心

(1) 鳴 ＝ □ ＋ □

(2) 岩 ＝ □ ＋ □

(3) 時 ＝ □ ＋ □

(4) 姉 ＝ □ ＋ □

(5) 理 ＝ □ ＋ □

4 次《つぎ》の 漢字《かんじ》の 筆《ひつ》じゅんを 書《か》きなさい。

《れい》 才　オ オ 才

(1) 戸

(2) 何

(3) 色

(4) 米

(5) 図

(6) 考

学習した日　月　日

ハイレベル

答え 2ページ

ふかめよう

1 次《つぎ》の　漢字《かんじ》の　読《よ》み方《かた》を　二つずつ　書《か》きなさい。

《れい》 毛（もう）（け）

(1) 場（　）（　）

(2) 体（　）（　）

(3) 魚（　）（　）

(4) 牛（　）（　）

(5) 寺（　）（　）

(6) 国（　）（　）

(7) 黒（　）（　）

(8) 店（　）（　）

2 次《つぎ》の □に 反対《はんたい》の 意味《いみ》や ついに なる 意味《み》の 漢字《かんじ》を 書《か》きなさい。

(1) □□《きょう だい》

(2) □《ちち》と□《はは》

(3) □《ひがし》と□《にし》

(4) □□《た しょう》

(5) □□《えん きん》

(6) □□《きょう じゃく》

(7) □□《ない がい》

(8) □□《ぜん ご》

(9) □《う》り□《か》い

(10) □□《ちゅう や》

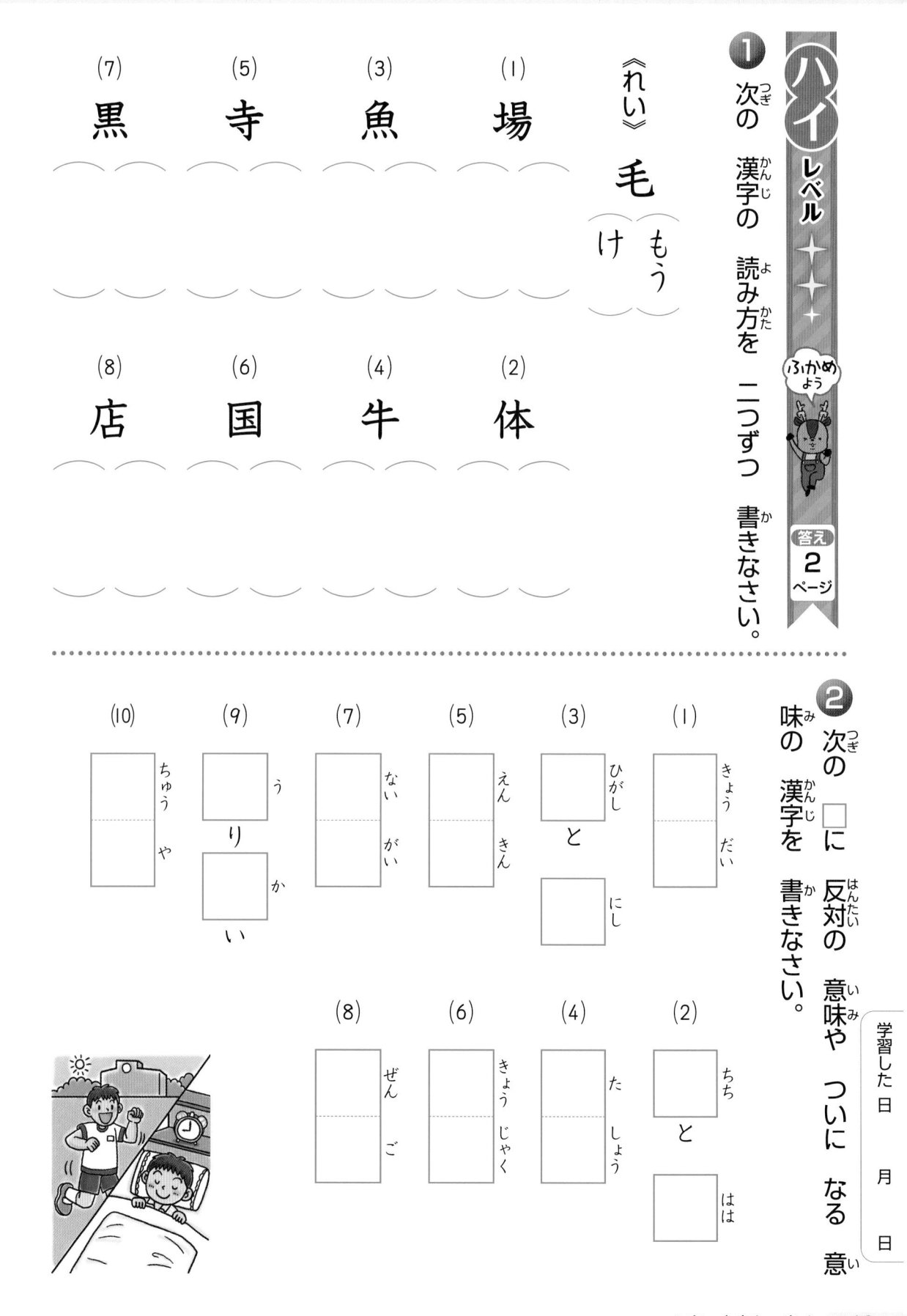

3 次《つぎ》の □ には、それぞれ 同《おな》じ 形《かたち》の 部分《ぶぶん》が 入ります。入る 部分《ぶぶん》を □ から えらんで、□に できあがった 漢字《かんじ》を 書《か》きなさい。

(1) 吾 → □ ・ 己 → □

(2) 家 → □ ・ 至 → □

(3) 毎 → □ ・ 也 → □

(4) 余 → □ ・ 化 → □

(5) 彦 → □ ・ 豆 → □

氵　雨　糸　言　頁　宀　艹

4 次《つぎ》の 漢字《かんじ》は 何画《なんかく》ですか。（　）に 漢数字《かんすうじ》で 書《か》きなさい。また、当《あ》てはまる 筆《ひつ》じゅんの きまりを □ から えらんで、□に 記号《きごう》を 書《か》きなさい。

(1) 丸（　）画《かく》 □

(2) 弓（　）画《かく》 □

(3) 間（　）画《かく》 □

(4) 北（　）画《かく》 □

(5) 風（　）画《かく》 □

(6) 入（　）画《かく》 □

(7) 心（　）画《かく》 □

(8) 首（　）画《かく》 □

ア 上から 下に 書《か》く。
イ 左から 右に 書《か》く。
ウ 外《そと》がわは 先に 書《か》く。
エ 左ばらいは 先に 書《か》く。

2 送《おく》りがなに 注意《ちゅうい》しよう

学習した日　月　日

標準レベル　たしかめよう　答え 3ページ

1 次《つぎ》の 読《よ》み方《かた》に なるように、（　）に 送《おく》りがなを 書《か》きなさい。

(1) まわる……回（　　）

(2) よわい……弱（　　）

(3) きこえる……聞（　　）

(4) おこなう……行（　　）

(5) たのしい……楽（　　）

2 次《つぎ》の ――線《せん》を、正しい 送《おく》りがなで 書《か》き直《なお》しなさい。

知っトク！ポイント 4ページ

(1) 空が 晴る。（　　）

(2) 人数《にんずう》が 少い。（　　）

(3) 紙《かみ》を 切 はさみ。（　　）

(4) 時間《じかん》を 計かる。（　　）

(5) じっくり 考る。（　　）

(6) ゆめが 広ろがる。（　　）

(7) 同なじ 形《かたち》。（　　）

3 次《つぎ》の □に 合《あ》う ひらがなを 書《か》きなさい。

(1)
あ だれにも 言《い》□ないと やくそくした。
い 本当《ほんとう》の ことを 言《い》□て ください。
う とうとう 言《い》□ときが 来《き》た。
え 正直《しょうじき》に 言《い》□ば、ゆるして やろう。

(2)
あ そのままでは そでが 長《なが》□ろう。
い そでが 長《なが》□て、みっともない。
う そでの 長《なが》□シャツを 買《か》った。
え そでが 長《なが》□れば、まくりましょう。

4 次《つぎ》の ——線《せん》の 読《よ》み方《かた》を、ひらがなで 書《か》きなさい。

(1) 教える（　） 教わる（　）
(2) 明ける（　） 明るい（　）
(3) 新た（　） 新しい（　）
(4) 細かい（　） 細い（　）
(5) 生む（　） 生える（　）
(6) 交ぜる（　） 交わる（　）

学習した日　月　日

ハイレベル

答え 3ページ

1 次《つぎ》の ――線《せん》を、漢字《かんじ》と 送《おく》りがなを 使《つか》って 書《か》きなさい。

(1) ゆっくり あるきましょう。（　　　）

(2) しつ問《もん》に こたえなさい。（　　　）

(3) ゴールは とおかった。（　　　）

(4) 弱虫《よわむし》だとは おもわない。（　　　）

(5) 千まで かぞえられますか。（　　　）

2 次《つぎ》の 送《おく》りがなが つく 漢字《かんじ》を □から えらんで、□に 書《か》きなさい。

(1) □う　□べる

(2) □る　□う

(3) □る　□らう

(4) □む　□める

(5) □しい　□しむ

(6) □い　□まる

(7) □い　□る

(8) □す　□れる

親	通	高	外
語	太	食	休

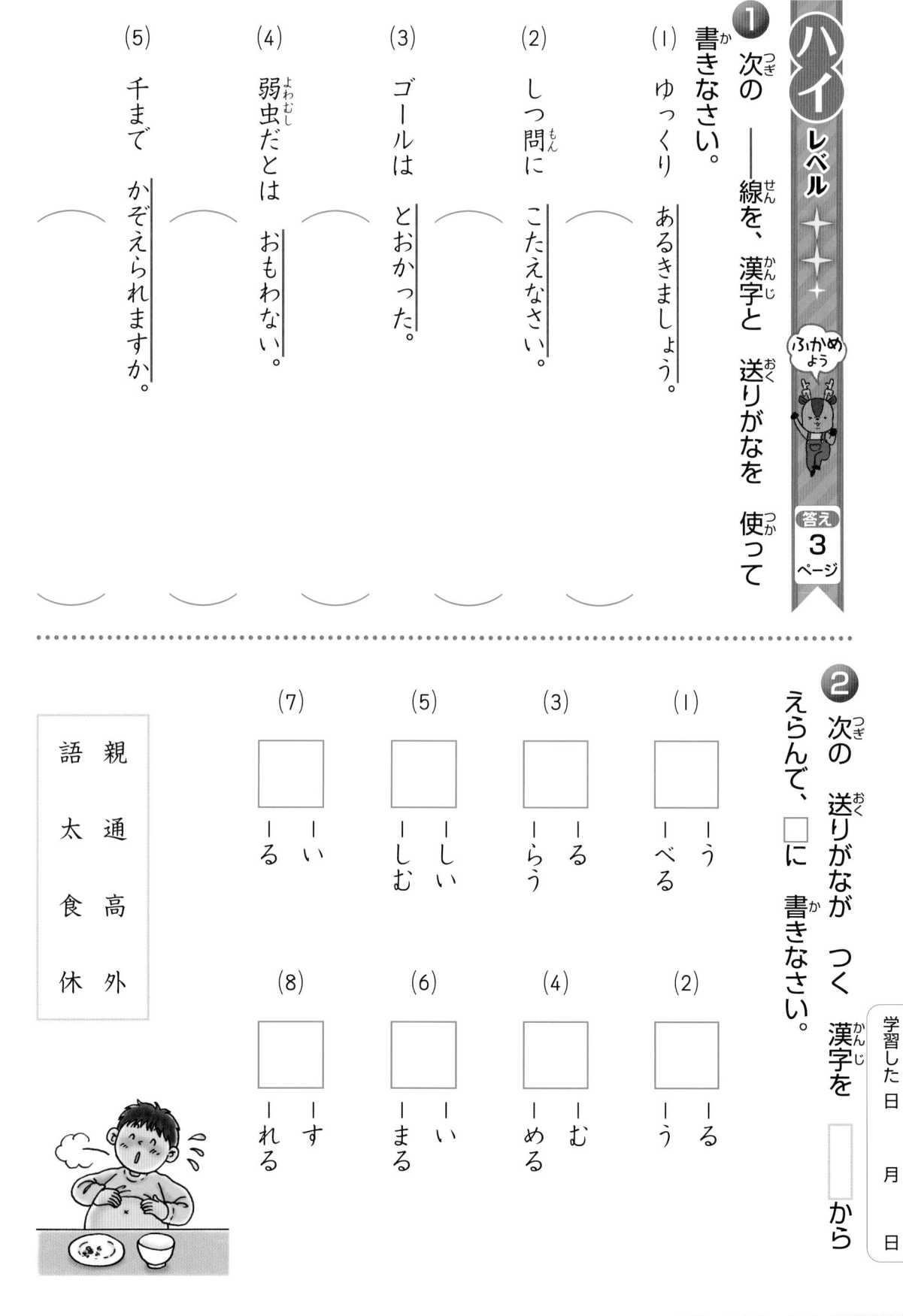

❸ 次《つぎ》の 言葉《ことば》を、漢字《かんじ》と 送《おく》りがなで 書《か》きなさい。

(1) おおあたり

(2) いきどまり

(3) ひきわけ

(4) くみたてる

(5) うりきれ

(6) しりあい

(7) よみあげる

(8) ながいき

❹ 次《つぎ》の 文章《ぶんしょう》の 中から、送《おく》りがなの まちがって いる 言葉《ことば》を 四つ ぬき出し、正しく 書《か》き直《なお》しなさい。

秋《あき》に なり、多《お》おくの 虫が 鳴《な》きはじめました。まどを あけると テレビの 音が 聞《き》きとれなく なる くらい、大きな 鳴《な》き声《ごえ》です。「冬《ふ》ゆが 来《く》る 前《まえ》に なかまに 会《あい》たくて、一生けんめい 歌《うたっ》て いるのよ。」と、おばあちゃんは 話《はな》して くれました。

↓

↓

↓

↓

3 かたかなを 書《か》こう

標準レベル たしかめよう 答え 4ページ

1 次《つぎ》の 図《ず》の ①～⑰に かたかなを 書《か》きなさい。

ア	イ	ウ	エ	①
カ	キ	ク	ケ	コ
サ	シ	ス	②	ソ
タ	チ	ツ	テ	ト
③	ニ	ヌ	④	ノ
ハ	ヒ	フ	ヘ	ホ
マ	ミ	⑤	メ	モ
⑥	／	ユ	／	ヨ
ラ	リ	⑦	レ	ロ
ワ	／	／	／	⑧
ン				

ガ	ギ	グ	⑨	ゴ
ザ	⑩	⑪	ゼ	⑫
ダ	ヂ	ヅ	⑬	ド
バ	⑭	ブ	ベ	⑮
パ	ピ	⑯	ペ	⑰

2 次《つぎ》の 表《ひょう》に かたかなを 書《か》きなさい。

知っトク！ポイント 4ページ

きゃ	キャ	きゅ		きょ	
ぎゃ		ぎゅ		ぎょ	
しゃ		しゅ		しょ	
じゃ		じゅ		じょ	
ちゃ		ちゅ		ちょ	
ぢゃ		ぢゅ		ぢょ	
にゃ		にゅ		にょ	
ひゃ		ひゅ		ひょ	
びゃ		びゅ		びょ	
ぴゃ		ぴゅ		ぴょ	
みゃ		みゅ		みょ	
りゃ		りゅ		りょ	

学習した日　月　日

3 次《つぎ》の 言葉《ことば》を、かたかなで 書《か》き直《なお》しなさい。

(1) はんどる

(2) えねるぎい

(3) さあびす

(4) ぱそこん

(5) ぶろっこりい

(6) じゃんぷ

(7) まんしょん

(8) とまとけちゃっぷ

4 かたかなの ままで よい 言葉《ことば》を ◯で かこみなさい。

エレベーター ニ ノッテ、デパート ノ
レストラン ニ イキマシタ。
ピンポーン ト チャイム ガ ナリ、
ドア ガ ヒラク ト、モウ ソコ ハ
オミセ ノ イリグチ デス。
オカアサン ハ コーヒー ヲ、
ワタシ ハ アイスクリーム ヲ
チュウモン シマシタ。

ハイレベル ふかめよう

答え 4ページ

1 次《つぎ》の かたかなの 言葉《ことば》には まちがいが あります。まちがって いる 字に すべて ×を つけて、横《よこ》に 正しく 書《か》き直《なお》しなさい。

(1)  カアネーツョン

(2) 

ボッブコオン

(3)  チグソーパヅル

(4)  トリレツトペイパー

(5) 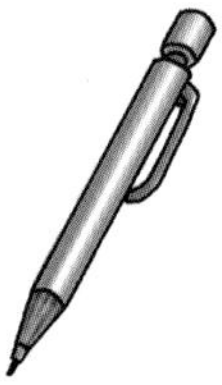 シュープペソシル

(6)  グループワレーツ

2 次《つぎ》の 字で 始《はじ》まる かたかなの 言葉《ことば》を、考《かんが》えて 書《か》きなさい。

《れい》 しゃ……（シャンプー）

(1) きゃ……（　　　）

(2) ちゅ……（　　　）

(3) しょ……（　　　）

(4) じゃ……（　　　）

(5) じゅ……（　　　）

(6) じょ……（　　　）

学習した日　月　日

3 ［　］の 言葉《ことば》を 次《つぎ》の 五つに 分《わ》けて、かたかなで 書《か》き直《なお》しなさい。

(1) 物音《ものおと》（　　　）（　　　）

(2) 鳴《な》き声《ごえ》（　　　）（　　　）

(3) 食《た》べ物《もの》（　　　）（　　　）

(4) 動物《どうぶつ》（　　　）（　　　）

(5) 国《くに》の 名前《なまえ》（　　　）（　　　）

ばたあ	ふらみんご
おらんだ	ぴちゃぴちゃ
どすん	いんど
みいんみいん	ころっけ
かんがるう	こけこっこう

4 次《つぎ》の （　）に 当《あ》てはまるのは どちらですか。それぞれ 記号《きごう》を 書《か》きなさい。

(1) 空きかんが （　）と 転《ころ》がった。
のどが （　）に かわいた。
ア カラカラ　イ からから

(2) 仕事《しごと》を （　） こなす。
ポスターを （　） はがす。
ア バリバリ　イ ばりばり

(3) 氷《こおり》を （　） かじった。
（　）に やせた ライオン。
ア ガリガリ　イ がりがり

(4) とびらを （　）と ノックした。
毎日《まいにち》（　） がんばった。
ア コツコツ　イ こつこつ

チャレンジテスト　1章　文字を　書《か》く

学習した日　月　日

時間《じかん》 15分　得点《とくてん》　点　答え 5ページ

1 次《つぎ》の ――せんの 言葉《ことば》を 漢字《かんじ》二字で 書《か》きなさい。　一つ3〔21点〕

(1) ちかしつが ある。

(2) ごぜんちゅうに すませる。

(3) さんかくけいの タイル。

(4) いっちょくせんに のびる。

(5) だいそうげんを 走《はし》る。

(6) しんばんぐみが 始《はじ》まる。

(7) せいかつかの じゅぎょう。

2 次《つぎ》の 二つの 漢字《かんじ》を 使《つか》って、文を 作《つく》りなさい。　一つ5〔30点〕

《れい》話・語（むかし話《ばなし》を 語《かた》る。）

(1) 紙・絵（　）

(2) 門・間（　）

(3) 雲・雪（　）

(4) 月・朝（　）

(5) 日・昼（　）

(6) 道・通（　）

3 かたかなで 書《か》く 言葉《ことば》には ○を、かたかなで 書《か》かない 言葉《ことば》には ×を つけなさい。 一つ1〔25点〕

(1)（　）レタス
(2)（　）チュウゴク
(3)（　）カタナ
(4)（　）トビバコ
(5)（　）ウドン
(6)（　）ガス
(7)（　）ザブザブ
(8)（　）ゴリラ
(9)（　）ポスト
(10)（　）ヒナマツリ
(11)（　）シラユキヒメ
(12)（　）ムギチャ
(13)（　）クリスマス
(14)（　）カッター
(15)（　）スイドウ
(16)（　）パン
(17)（　）スモウ
(18)（　）マット
(19)（　）ゴボウ
(20)（　）ピカピカ
(21)（　）ボクシング
(22)（　）スイス
(23)（　）ビクビク
(24)（　）シンデレラ
(25)（　）ユウビン

4 次《つぎ》の ――せんを、漢字《かんじ》と 送《おく》りがなを 使《つか》って 書《か》きなさい。 一つ3〔24点〕

(1) 急《いそ》いで 家《いえ》に かえる。（　　）
(2) おしゃべりを たのしむ。（　　）
(3) 紙《かみ》を クシャッと まるめる。（　　）
(4) ぞうは 力が つよい。（　　）
(5) からすの 羽《はね》は くろい。（　　）
(6) うしろを ふり返《かえ》る。（　　）
(7) あきらかな まちがい。（　　）
(8) まとに ボールを あてる。（　　）

4 かなづかいに 注意《ちゅうい》して 書《か》こう

学習した日　月　日

知っトク ポイント 4ページ

標準レベル

たしかめよう　答え 6ページ

1 次《つぎ》の 言葉《ことば》には かなづかいの まちがいが あります。正しく 書《か》き直《なお》しなさい。

(1) みみづ（　　）
(2) とおだい（　　）
(3) はぢめまして（　　）
(4) とおもろこし（　　）
(5) しょおがっこお（　　）
(6) みかずき（　　）
(7) おねいさん（　　）
(8) うちゅうぢん（　　）

2 次《つぎ》の □に 「え」「へ」「い」の どれかを 書《か》き入れて、言葉《ことば》を 作《つく》りなさい。

(1) け□算《さん》
(2) 考《かんが》□る
(3) ふる□る
(4) 油《あぶら》□
(5) 五□ん玉
(6) □そ曲《ま》がり
(7) れ□ぞう庫《こ》
(8) け□さつかん
(9) か□り道《みち》
(10) へ□店《てん》
(11) うでどけ□
(12) へ□和《わ》
(13) 大《たい》□ん
(14) 地《ち》□い線《せん》

3 次《つぎ》の □ に「お」「を」「う」の どれかを 書《か》き入れて、言葉《ことば》を 作《つく》りなさい。

(1) りょ□理《り》
(2) そ□談《だん》
(3) ど□ろ
(4) こ□作《さく》
(5) と□り道《みち》
(6) も□ふ
(7) ロ□出す
(8) に□い
(9) しょ□ぎ
(10) 知《し》らんか□
(11) と□ざかる
(12) 手□つなぐ
(13) □かし
(14) し□味《あじ》

4 次《つぎ》の □ に「ず」か「づ」を 書《か》き入れて、言《こと》葉《ば》を 作《つく》りなさい。

(1) す□虫
(2) 気□く
(3) おり□る
(4) 雨《あま》み□
(5) い□み
(6) つま□く
(7) 紙《かみ》□つみ
(8) にぎり□し

5 次《つぎ》の □ に「じ」か「ぢ」を 書《か》き入れて、言《こと》葉《ば》を 作《つく》りなさい。

(1) かい□ゆう
(2) 手□な
(3) な□む
(4) ち□める
(5) 戸《と》□まり
(6) こ□んまり

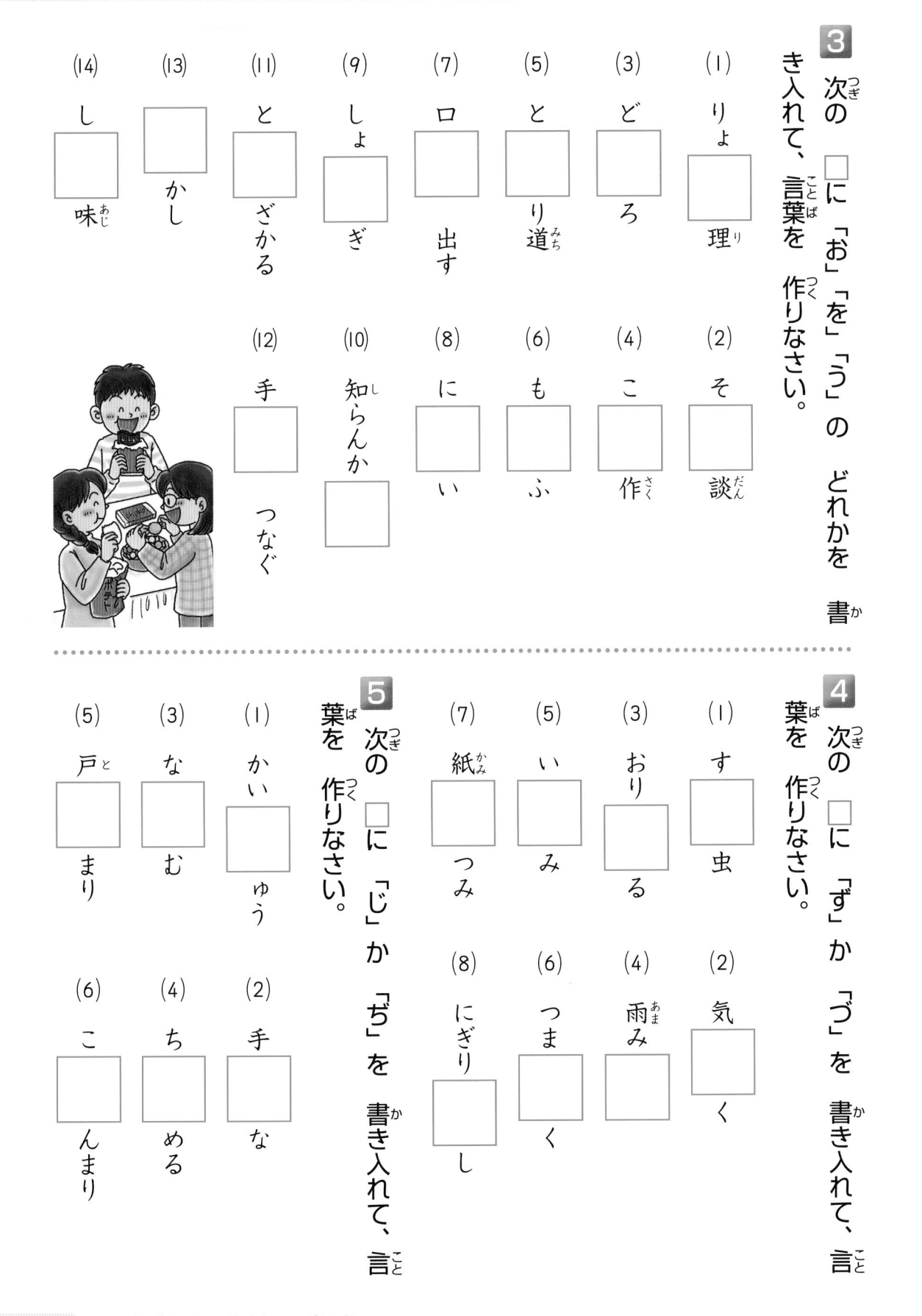

ハイレベル

ふかめよう

答え 6ページ

1 上と 下の 言葉《ことば》を ―で むすんで、できた 言葉《ことば》を（　）に ひらがなで 書《か》きなさい。

あお	・	・ とけい	→（　）
げた	・	・ ひと	→（　）
はと	・	・ くすり	→（　）
ばね	・	・ とり	→（　）
むら	・	・ はかり	→（　）
かぜ	・	・ そら	→（　）
わたり	・	・ はこ	→（　）

2 次《つぎ》の □に、ひらがなを 一字ずつ 書《か》きなさい。

(1) おと㋐□とが おじいさんに おこ㋑□かい㋒□ もらって いたので、ぼくは うらやましく なった。

(2) お㋐□きな 波《なみ》が㋑□とを 立てて すなはまに 打《う》ちよせて いるのを、一人の 女の 人が し㋒□かに 見つめて います。

(3) バスの ていりゅう㋐□ょの そばの 花だんには、とても きれ㋑□な 花が さいて いる ことでしょ㋒□。

学習した日　月　日

3 次《つぎ》の 言葉《ことば》の 中から、かなづかいが 正しい ものを 一つ えらんで、○を つけなさい。

(1)
ア（ ）をばさん
イ（ ）思《おも》い出《で》
ウ（ ）をみやげ

(2)
ア（ ）青年《せえねん》
イ（ ）正《せい》かい
ウ（ ）すい星《せえ》

(3)
ア（ ）校歌《こおか》
イ（ ）行進《こおしん》
ウ（ ）工事《こうじ》

(4)
ア（ ）火事《かぢ》
イ（ ）時代《じだい》
ウ（ ）地面《ぢめん》

(5)
ア（ ）おおかみ
イ（ ）よおかい
ウ（ ）れいとお

(6)
ア（ ）返答《へんとう》
イ（ ）一円《いちへん》
ウ（ ）遠足《へんそく》

(7)
ア（ ）へん筆《ぴつ》
イ（ ）絵葉書《えはがき》
ウ（ ）へんとつ

(8)
ア（ ）平日《へいぢつ》
イ（ ）文字《もじ》
ウ（ ）自分《ぢぶん》

(9)
ア（ ）合図《あいづ》
イ（ ）こう水《づい》
ウ（ ）かんづめ

(10)
ア（ ）すずめ
イ（ ）づるい
ウ（ ）ねづみ

4 次《つぎ》の 文章《ぶんしょう》には、かなづかいが まちがって いる 言葉《ことば》が 五つ あります。その 言葉《ことば》を 書《か》きぬき、正しく 書《か》き直《なお》しなさい。

山《やま》をくの みづうみは、かたく こうりついて いました。月《つき》の 光《ひかり》が 反《はん》しゃして、あたりは 昼間《ひるま》のように 明《あか》るくなって います。ぼくは ひえきった 手《て》お こすりながら、また 歩《ある》きはぢめました。

（　　）→（　　）
（　　）→（　　）
（　　）→（　　）
（　　）→（　　）
（　　）→（　　）

5 ふごうを 正しく 使《つか》おう

標準レベル

たしかめよう

答え 7ページ

1 次《つぎ》の 文章《ぶんしょう》に 「 」【かぎ】を 三組《さんくみ》 つけなさい。

あしたは、午後《ごご》から 雨が ふるでしょう。
テレビの アナウンサーが、しゃべって います。
わたしは 外《そと》を 見ながら、
この 天気なら、学校から 帰《かえ》って くるまで 雨は ふらないよ。
と 弟《おとうと》に 言《い》いました。
そうかなあ。
弟《おとうと》は、心配《しんぱい》そうに つぶやいて います。

2 次《つぎ》の 文に、【てん】と 。【まる】を 二つずつ つけなさい。

(1) 本を 読《よ》んで いたら だんだん ねむく なって きました そこで ねむけざましに 体《たい》そうを しました

(2) 先生が 大きな 声《こえ》で みんなに 言《い》いました 「わからない ところが あったら 手を あげて ください」

(3) 「ほら あの 木の 上を 見て ごらん」 おじいさんは 庭《にわ》に 一本だけ 生えて いる 木を 指《ゆび》さしました

知っトク! ポイント

4ページ

学習した日 月 日

3 次《つぎ》の 問題《もんだい》に 答《こた》えなさい。

(1) だれが どろだらけなのか 書《か》きなさい。

㋐ ぼくは、どろだらけに なって 遊《あそ》んで いる 弟《おとうと》を 見ました。

（　　　）

㋑ ぼくは どろだらけに なって、遊《あそ》んで いる 弟《おとうと》を 見ました。

（　　　）

(2) だれが あいさつを したのか 書《か》きなさい。

㋐ わたしは、山田君《やまだくん》と いっしょに 歩《ある》いて いる 田中《たなか》さんに あいさつを した。

（　　　）

㋑ わたしは 山田君《やまだくん》と いっしょに、歩《ある》いて いる 田中《たなか》さんに あいさつを した。

（　　　）

4 次《つぎ》の 文から、（ ）【かっこ】を つける ところを さがして、その 中に 入る 部分《ぶぶん》を 書《か》きぬきなさい。

(1) パンダの 体《からだ》の 色《いろ》は、二色《にしょく》 白と 黒《くろ》に なって います。

（　　　）

(2) こん虫図《ず》かん 定《てい》か 九百八十円を 買《か》いました。

（　　　）

(3) わたしの 家《いえ》では、チワワ 小がた犬の 一しゅを かって います。

（　　　）

(4) 今日《きょう》は、スポーツの日 スポーツに 親《した》しみ、けんこうな 心《こころ》と 体《からだ》を 育《そだ》てる 日です。

（　　　）

ハイレベル

答え 7ページ

ふかめよう

1 文章《ぶんしょう》を 書《か》いて いて、次《つぎ》のような ときには どの ふごうを 使《つか》ったら よいですか。から えらんで、記号《きごう》を 書《か》きなさい。

(1) 文の とちゅうに 切《き》れ目を 作《つく》って、意味《いみ》を わかりやすく する とき。（　）

(2) 文や 会話《かいわ》が 終《お》わった とき。（　）

(3) 文章中《ぶんしょうちゅう》に 人が 話《はな》す 言葉《ことば》を 入れる とき。（　）

(4) 文中で とくべつに、ある 部分《ぶぶん》に ついて せつめいを する とき。（　）

ア 、【てん】
イ 。【まる】
ウ （ ）【かっこ】
エ 「 」【かぎ】

2 、【てん】や 。【まる】、「 」【かぎ】や （ ）【かっこ】の つけ方《かた》が 正しい 文には ○を、まちがって いる 文には ×を つけなさい。

学習した日　月　日

(1)（　）わたしは すぐに 立ち上がって、「次《つぎ》は わたしが 行《い》きます。」と 言《い》いました。

(2)（　）「早く おふろに 入ろうよ。」、と 弟《おとうと》が 言《い》いました。

(3)（　）わたしは 相手《あいて》が 電話《でんわ》に 出ると、（もしもし、村田《むらた》さんですか。）と 言《い》いました。

(4)（　）「ヤッホー。」と、みんなが いっせいに 山の 上から さけびました。

(5)（　）ひな祭《まつ》りの 日（三月三日）には、家族《かぞく》で おいわいを します。

(6)（　）「どう やって 電池《でんち》を 入れかえるの」。と お父《とう》さんに ききました。

3 次《つぎ》の［　］の 意味《いみ》に なるように、文に 、【てん】を 一つ つけなさい。

(1)［ぼくが にこにこして いる。］
ぼくは にこにこと わらい顔《がお》の 妹《いもうと》を 見た。

(2)［先生が 大きな 声《こえ》を 出した。］
先生は 大きな 声《こえ》で さわいで いる 人たちを 注意《ちゅうい》しました。

(3)［おじいさんも さくらを 見て いる。］
ぼくは さんぽを して いる おじいさんと さくらの 木を 見て いました。

(4)［今日《きょう》 太一君《たいちくん》が 来《く》る。］
今日《きょう》 太一君《たいちくん》が 来《く》る ことを はじめて 知《し》りました。

4 次《つぎ》の 文に 、【てん】や 。【まる】や「　」【かぎ】を つけて、書《か》き直《なお》しなさい。、は 一つだけ つける ことと します。

(1) 先生に とても すてきな 絵《え》だねと ほめられました

（　　　　　　　　　　）

(2) 電車《でんしゃ》は すぐに 来《く》るよと 駅員《えきいん》さんが ぼくに 教《おし》えて くれました

（　　　　　　　　　　）

(3) 公園《こうえん》で 遊《あそ》んで いると よしのぶ君《くん》が おにごっこを しようと 言《い》いました

（　　　　　　　　　　）

(4) カメラを 持《も》って いる おじさんが 言《い》いました はい チーズ

（　　　　　　　　　　）

6 言葉《ことば》づかいに 注意《ちゅうい》して 書《か》こう

学習した日　月　日

知っトク！ポイント 4ページ

標準レベル　たしかめよう　答え 8ページ

1 次《つぎ》の 文を、「です」か 「ます」を 使《つか》って、ていねいな 言《い》い方《かた》に 書《か》き直《なお》しなさい。

(1) ぼくは 小学生だ。

（　　　　　　　　　　）

(2) 遠《とお》くに 高《たか》い 山が 見える。

（　　　　　　　　　　）

(3) えん筆《ぴつ》で 字を 書《か》く。

（　　　　　　　　　　）

(4) この ケーキは おいしそうだ。

（　　　　　　　　　　）

2 次《つぎ》の 文の □に 「お」か 「ご」を 書《か》き入れて、ていねいな 言《い》い方《かた》に 書《か》き直《なお》しなさい。

(1) □べんとうを 食《た》べましょう。

(2) □予定《よてい》を 教《おし》えて ください。

(3) □知《し》らせが あります。

(4) □本を 読《よ》みましょう。

(5) □薬《くすり》を 飲《の》みます。

(6) □みやげを わたしました。

(7) □住所《じゅうしょ》を 書《か》いて ください。

3 次《つぎ》の 文の （ ）に 入る 言葉《ことば》を、それぞれ □から えらんで 書《か》きなさい。（ただし、それぞれの 言葉《ことば》は 一度《いちど》しか 使《つか》えません。）

(1) ぼく（　　）家《いえ》（　　）
出る（　　）、となりの おじさんが
ぼく（　　）（　　）話《はな》しかけて きた。

に　と　を　が

(2) 外《そと》（　　）とても 寒《さむ》かった（　　）、
手ぶくろ（　　）（　　）マフラー（　　）取《と》り
に、家《いえ》（　　）（　　）もどりました。

は　を　と　まで　ので

4 次《つぎ》の うち、——線《せん》の 言葉《ことば》の 使《つか》い方《かた》が 正しい ほうを えらんで、○を つけなさい。

(1)
ア（　）赤ちゃんが すやすやと ねむって います。
イ（　）せまい あなを すやすやと 通《とお》りぬけた。

(2)
ア（　）ぼくは、がやがやと 水しぶきを 立てて 泳《およ》いだ。
イ（　）教室《きょうしつ》の 中が がやがやと さわがしい。

(3)
ア（　）お姉《ねえ》さんは、もう 一時間《いちじかん》も いきなり おふろに 入りつづけて いる。
イ（　）木の かげから、犬が いきなり とび出して きた。

(4)
ア（　）となりに すわって いた 人が、じろっと こちらを 見た。
イ（　）歩《ある》いて いく 友《とも》だちを いつまでも じろっと 見て いた。

ハイレベル

答え 8ページ

1 次《つぎ》の うち、——線《せん》の 言葉《ことば》の 使《つか》い方《かた》が 正しい ものを 一つ えらんで、○を つけなさい。

(1)
ア（　）お客様《きゃくさま》が おすわりされました。
イ（　）お客様《きゃくさま》が おすわりに なりました。
ウ（　）お客様《きゃくさま》が おすわりに しました。

(2)
ア（　）係《かかり》の 者《もの》が すぐ まいります。
イ（　）係《かかり》の 者《もの》が すぐ まいられます。
ウ（　）係《かかり》の 者《もの》が すぐ おまいりします。

(3)
ア（　）先生が ぼくに おっしゃる。
イ（　）先生が ぼくに おっしゃりする。
ウ（　）先生が ぼくに おっしゃりに なる。

(4)
ア（　）わたしが あとで お電話《でんわ》されます。
イ（　）わたしが あとで お電話《でんわ》に なります。
ウ（　）わたしが あとで お電話《でんわ》いたします。

2 次《つぎ》の 文の □に 言葉《ことば》を 書《か》き入れて、文の 意味《いみ》が わかるように しなさい。

(1) ぼく □ あつし君《くん》は、夏休《なつやす》み □ 間《あいだ》 プールに □□□ 行《い》って いた。

(2) ぼくも たつや君《くん》 □、君《きみ》の 意見《いけん》 □ さんせいです。

(3) よそ見を し □□□ 自転車《じてんしゃ》に 乗《の》る こと □、ぜったい □ やめよう。

(4) 「セーターの 色《いろ》は 白 □□ 黒《くろ》の ほう □ すきです。」 □ 言《い》いました。

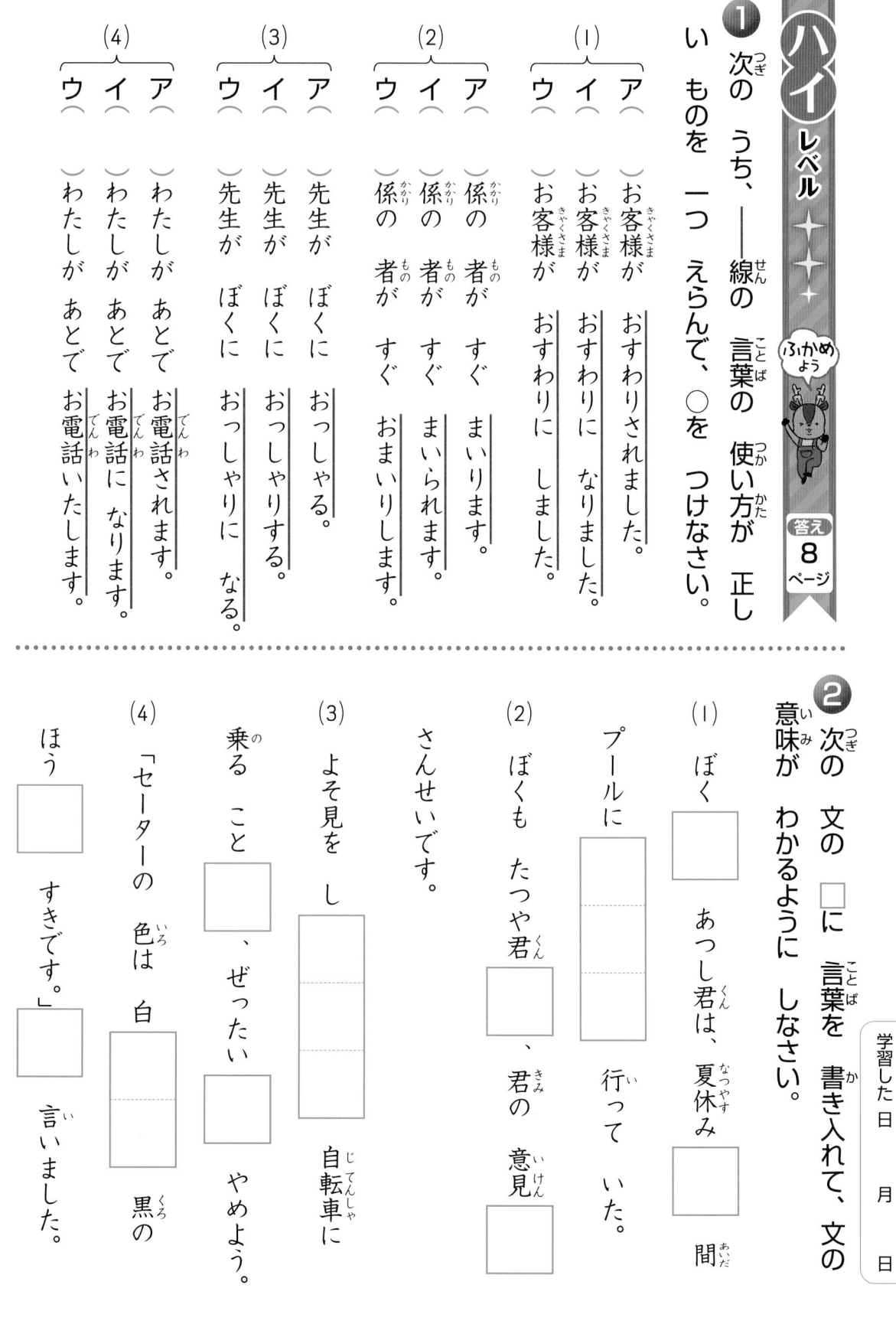

3 次《つぎ》の うち、意味《いみ》が 正しく なる ほうを えらんで、○を つけなさい。

(1) もし 雨が
ア（　）ふったら、中止《ちゅうし》です。
イ（　）ふるので、中止《ちゅうし》です。

(2) 空が 明《あか》るく なったので、たぶん
ア（　）午後《ごご》には 晴《は》れるだろう。
イ（　）午後《ごご》には 晴《は》れない。

(3) 水たまりに 空が うつって、まるで
ア（　）かがみのようだ。
イ（　）かがみらしかった。

(4) その おもしろそうな 本を ぜひ
ア（　）かして くれないでしょう。
イ（　）かして ください。

(5) けっして みんなが 反対《はんたい》して いると いう わけでは
ア（　）あるのです。
イ（　）ありません。

(6) どうして いつも 同《おな》じ おかしばかり
ア（　）買《か》うのですか。
イ（　）買《か》いませんか。

4 次《つぎ》の［　］の 意味《いみ》に なって いる 文を えらんで、○を つけなさい。

(1) ［お母《かあ》さんが 歌《うた》って いる。］
ア（　）わたしは 歌《うた》いながら、せんたくを して いる お母《かあ》さんの ところへ 行《い》きました。

イ（　）わたしは、歌《うた》いながら せんたくを して いる お母《かあ》さんの ところへ 行《い》きました。

(2) ［おばさんが すわって いる。］
ア（　）ぼくは、いすに すわって 本を 読《よ》んで いる おばさんに 話《はな》しかけた。
イ（　）ぼくは いすに すわって、本を 読《よ》んで いる おばさんに 話《はな》しかけた。

(3) ［二人で つよし君《くん》を 追《お》いかけて いる。］
ア（　）たけし君《くん》は、みのる君《くん》と つよし君《くん》を 追《お》いかけて いる。
イ（　）たけし君《くん》は みのる君《くん》と、つよし君《くん》を 追《お》いかけて いる。

チャレンジテスト　2章　短《みじか》い 文を 書《か》く

学習した日　月　日

時間 20分　得点　点　答え 9ページ

1 次《つぎ》の 文には かなづかいの まちがいが あります。一文を 正しく 書《か》き直《なお》しなさい。完答《かんとう》一つ4〔20点〕

(1) ぼくは 水ええ大会《たいかい》で ゆうしょおしました。

（　　　　）

(2) 手ずかみで おすしお 食《た》べました。

（　　　　）

(3) こうろぎが いへの 中に 入って きた。

（　　　　）

(4) おうぜいで りょう理《り》を あぢわう。

（　　　　）

(5) とうり雨に あって、づぶぬれに なりました。

（　　　　）

2 次《つぎ》の 文章《ぶんしょう》に 、【てん】を 三つ、。【まる】を 四つ、「 」【かぎ】と （ ）【かっこ】を 一組《ひとくみ》ず つ つけなさい。一つ4〔36点〕

遠足《えんそく》で 動物園《どうぶつえん》に 行《い》った とき ぼくは
真《ま》っ先に チーターを 見に 行きました チー
ターは 地上《ちじょう》で いちばん 速《はや》く 走《はし》る 時速《じそく》
百キロメートルくらい 動物《どうぶつ》です チーターの
すらりと した すがたを 見た とき ぼく
は かっこいいなあ と
さけんで しまいました

3 次《つぎ》の ——線《せん》の 言葉《ことば》の 中で、もっとも ていねいな 言《い》い方《かた》に なって いる ものを 一つ えらんで、○を つけなさい。 一つ4〔20点〕

(1)
ア（　）おじさんが いる。
イ（　）おじさんが いらっしゃる。
ウ（　）おじさんが います。

(2)
ア（　）先生が お茶《ちゃ》を 飲《の》みます。
イ（　）先生が お茶《ちゃ》を 飲《の》む。
ウ（　）先生が お茶《ちゃ》を 飲《の》まれる。

(3)
ア（　）オムライスを いただきました。
イ（　）オムライスを 食《た》べました。
ウ（　）オムライスを 食《た》べた。

(4)
ア（　）道《みち》を たずねます。
イ（　）道《みち》を おたずねします。
ウ（　）道《みち》を たずねる。

(5)
ア（　）絵《え》は おかきに ならないのですか。
イ（　）絵《え》は かかないのですか。
ウ（　）絵《え》は かかないのか。

4 次《つぎ》の 文を、［　］の 意味《いみ》に なるように 、【て ん】を 一つ つけて 書《か》き直《なお》しなさい。 一つ8〔24点〕

(1) ぼくは テレビを 見ながら おかしを 食《た》べて いる お兄《にい》ちゃんに 話《はな》しかけた。
［テレビを 見て いるのは 「ぼく」］

（　　　　）

(2) わたしは お姉《ねえ》ちゃんと お母《かあ》さんが 帰《かえ》って くるのを 待《ま》った。
［待《ま》って いるのは 「わたし」と お姉《ねえ》ちゃん］

（　　　　）

(3) ぼくは きのう 図書館《としょかん》で かりた 本を 返《かえ》しに 行《い》った。
［本を 返《かえ》しに 行《い》ったのは きのう］

（　　　　）

7 つなぎ言葉《ことば》に 注意《ちゅうい》しよう

学習した日　月　日

標準レベル　たしかめよう　答え 10ページ

1 次《つぎ》の（　）に 合《あ》う つなぎ言葉《ことば》を あとから えらんで、記号《きごう》を 書《か》きなさい。

(1) 雨が ふって きた（　）、かさ を 持《も》って いなかった。
ア から　イ けれど　ウ と

(2) おなかが すいた（　）、れいぞう庫《こ》の 中の ケーキを 食《た》べた。
ア のに　イ ら　ウ ので

(3) 犬の さんぽを し（　）、落《お》ちて いる ごみを 拾《ひろ》う。
ア ながら　イ たり　ウ ても

(4) みどりちゃんは 運動《うんどう》も できる（　）、ピアノも 上手《じょうず》だ。
ア て　イ し　ウ から

知っトク! ポイント 5ページ

2 次《つぎ》の（　）に 合《あ》う つなぎ言葉《ことば》を、□から えらんで 書《か》きなさい。

(1) 妹《いもうと》が ないて いた。（　　）、わたしは その わけを たずねた。

(2) かれは 作家《さっか》でも あり、（　　）、ぼうけん家《か》でも ある。

(3) 九時《くじ》の 電車《でんしゃ》に 乗《の》る つもりだった。（　　）、間《ま》に合《あ》わなかった。

(4) すすむ君《くん》は お母《かあ》さんの 妹《いもうと》の むすこです。（　　）、ぼくの いとこです。

しかし　だから　つまり　また

3 次《つぎ》の　うち、つなぎ言葉《ことば》の　使《つか》い方《かた》が　正しい　ものには　○を、まちがって　いる　ものには　×を　つけなさい。

(1)（　）春《はる》に　なると、くまが　冬《とう》みんから　目を　さます。

(2)（　）ぼくの　かいた　絵《え》が　金しょうを　とったのに、うれしかった。

(3)（　）きのう　夜《よ》ふかしを　すれば、なかなか　起《お》きられなかった。

(4)（　）みんな　集《あつ》まりましたね。では、出発《しゅっぱつ》しましょう。

(5)（　）子どもの　入場《にゅうじょう》りょうは　三百円です。ただし、二さいみまんは　むりょうです。

(6)（　）家《いえ》に　帰《かえ》ったら　手を　あらいます。それとも、おやつを　食《た》べます。

(7)（　）木が　たおれて　います。しかも、台風《たいふう》が　通《とお》ったからです。

4 《れい》に　ならって、次《つぎ》の　二つの　文を　一つの　文に　書き直《かなお》しなさい。

《れい》ドアを　たたきました。すると、男の　人が　返事《へんじ》を　しました。

（ドアを　たたくと、男の　人が　返《へん》事《じ》を　しました。）

(1) さいふが　落《お》ちて　いました。それで、交番《こうばん》にとどけました。

（　　　　　）

(2) 体育《たいいく》で　プールに　入る　予定《よてい》でした。でも、雨で　中止《ちゅうし》に　なりました。

（　　　　　）

(3) 両手《りょうて》に　ぐん手を　はめました。そして、庭《にわ》の草を　取《と》りました。

（　　　　　）

ハイレベル ふかめよう

答え 10ページ

1 次《つぎ》のような ときには、どの つなぎ言葉《ことば》を 使《つか》うと よいですか。□から えらんで、記号《きごう》を 書《か》きなさい。

(1) 前《まえ》の 事《こと》がらを 受《う》けて、その けっかが あとに くる とき。（　）

(2) 前《まえ》の 事《こと》がらと 反対《はんたい》の 事《こと》がらが あとに くる とき。（　）

(3) 前《まえ》の 事《こと》がらと あとの 事《こと》がらの どちらかを えらぶ とき。（　）

(4) 前《まえ》の 事《こと》がらに せつめいを つけくわえる とき。（　）

(5) 話題《わだい》を かえる とき。（　）

(6) 前《まえ》の 事《こと》がらに あとの 事《こと》がらを ならべたり つけくわえたり する とき。（　）

ア だが	イ そこで	ウ たとえば
エ さて	オ または	カ なお

2 次《つぎ》の（　）に 合《あ》う つなぎ言葉《ことば》を □から えらんで、記号《きごう》を 書《か》きなさい。（ただし、それぞれの 言葉《ことば》は 一度《いちど》しか 使《つか》えません。）

(1) 明日《あす》は お母《かあ》さんの たん生日。あ（　）、ケーキを やいた。い（　）、お姉《ねえ》さんに てつだってもらった。

(2) お父《とう》さんの に顔絵《がおえ》を かいた。あ（　）、お父《とう》さんに 見せた。い（　）、あまり にて いないと 言《い》われた。

(3) ぼくは 一生けんめい 走《はし》った。あ（　）、一《いっ》等《とう》で ゴールできた。い（　）、クラスで 一番《いちばん》の タイムだった。

ア そして	イ だから	ウ すると
エ しかし	オ しかも	カ ただし

3 次《つぎ》の 文を、つなぎ言葉《ことば》を 使《つか》って 二つの 文に 分《わ》けて 書《か》き直《なお》しなさい。

(1) かべに 落書《らくが》きを したから、おこられた。

（　　　　　　　　　　）

(2) ホットケーキを 作《つく》ったが、真《ま》っ黒《くろ》に こげて しまった。

（　　　　　　　　　　）

(3) ナプキンを 広《ひろ》げて、おべんとうを 食《た》べた。

（　　　　　　　　　　）

4 次《つぎ》の 二つの 文を、《れい》に ならって 二《ふた》通《とお》りの やり方《かた》で 書《か》き直《なお》しなさい。

《れい》
・雨も ふる。
・風《かぜ》も ふく。

㋐（雨も ふるし、風《かぜ》も ふく。）

㋑（雨も ふる。そのうえ、風《かぜ》も ふく。）

(1)
・大声《おおごえ》で 名前《なまえ》を よんだ。
・さなえちゃんは 気づかなかった。

㋐（　　　　　　　　　　）

㋑（　　　　　　　　　　）

(2)
・けしきが とても きれいだった。
・写真《しゃしん》を とった。

㋐（　　　　　　　　　　）

㋑（　　　　　　　　　　）

8 こそあど言葉《ことば》に 注意《ちゅうい》しよう

標準レベル たしかめよう 答え 11ページ

1 次《つぎ》の ――線《せん》の うち、こそあど言葉《ことば》の 使《つか》い方《かた》が 正しいのは どれですか。○を つけなさい。

(1)
ア（　）これは テニスの ラケットです。
イ（　）このは テニスの ラケットです。
ウ（　）ここは テニスの ラケットです。

(2)
ア（　）あれに 売店《ばいてん》が あります。
イ（　）あそこに 売店《ばいてん》が あります。
ウ（　）あのに 売店《ばいてん》が あります。

(3)
ア（　）それへ 進《すす》むと 出口です。
イ（　）そのへ 進《すす》むと 出口です。
ウ（　）そちらへ 進《すす》むと 出口です。

(4)
ア（　）どこが 君《きみ》の かいた 絵《え》ですか。
イ（　）どれが 君《きみ》の かいた 絵《え》ですか。
ウ（　）あのが 君《きみ》の かいた 絵《え》ですか。

2 次《つぎ》の 場合《ばあい》、どの こそあど言葉《ことば》を 使《つか》いますか。［　］から えらんで 書《か》きなさい。

知っトク！ポイント 5ページ

(1) 自分《じぶん》に 近《ちか》い ものを 指《さ》す とき。（　　）（　　）（　　）

(2) 相手《あいて》に 近《ちか》い ものを 指《さ》す とき。（　　）（　　）（　　）

(3) 自分《じぶん》からも 相手《あいて》からも 遠《とお》い ものを 指《さ》す とき。（　　）（　　）（　　）

(4) はっきりしない ものを 指《さ》す とき。（　　）（　　）（　　）

［そちら どっち ここ あの あれ どこ それ こっち この あちら そこ どの］

学習した日　月　日

3 次《つぎ》の ——線《せん》の こそあど言葉《ことば》は、何《なに》を 指《さ》して いますか。○を つけなさい。

(1) お母《かあ》さんが セーターを あんで、あまった 毛糸《けいと》で 手ぶくろを あんで くれました。わたしは それを 両手《りょうて》に はめました。

ア（　）セーター
イ（　）毛糸《けいと》
ウ（　）手ぶくろ

(2) テレビの ある 部屋《へや》で、おもちゃを 出して 遊《あそ》んだ。ごはんの 前《まえ》に、それを 箱《はこ》に しまった。

ア（　）テレビ
イ（　）部屋《へや》
ウ（　）おもちゃ

(3) 市《し》の 運動公園《うんどうこうえん》の 中に 野球場《やきゅうじょう》が ある。あそこで 練習《れんしゅう》じあいが 行《おこな》われる。

ア（　）市《し》
イ（　）運動公園《うんどうこうえん》
ウ（　）野球場《やきゅうじょう》

4 次《つぎ》の 文章《ぶんしょう》を 読《よ》んで、問題《もんだい》に 答《こた》えなさい。

れいぞう庫《こ》から ステーキ用《よう》の 肉《にく》を 出して、［①］に しおと こしょうを ふりました。それから、フライパンに 油《あぶら》を ひいて 温《あたた》め、［②］へ 肉《にく》を 入れて やきました。しばらく してから ひっくり返《かえ》すと、③その 表面《ひょうめん》には おいしそうな やき目が ついて いました。

(1) ［　］①・②に 入る こそあど言葉《ことば》を 考《かんが》えて 書《か》きなさい。

①（　　　　）　②（　　　　）

(2) ——線《せん》③の こそあど言葉《ことば》は、ア〜ウの どれに 当《あ》たりますか。○を つけなさい。

ア（　）ものを 指《さ》して いる。
イ（　）場所《ばしょ》を 指《さ》して いる。
ウ（　）方向《ほうこう》を 指《さ》して いる。

ハイレベル

答え 11ページ

ふかめよう

1 次《つぎ》の ――線《せん》の 言葉《ことば》を、こそあど言葉《ことば》に 書《か》き直《なお》しなさい。

(1) はさみを 使《つか》って いますね。ぼくにも はさみを かして ください。

（　　　　）

(2) 川原《かわら》に 着《つ》いた。川原《かわら》に テントを はろう。

（　　　　）

(3) ビルの 上に クレーンが ある。クレーンは どう やって 運《はこ》んだのだろう。

（　　　　）

(4) 北海道《ほっかいどう》に 引《ひ》っこしたそうですね。北海道《ほっかいどう》は 寒《さむ》いですか。

（　　　　）

2 次《つぎ》の ――線《せん》の こそあど言葉《ことば》が 指《さ》して いる言葉《ことば》を 書《か》きぬきなさい。

(1) 温室《おんしつ》に 入ると、むっと しますね。ここには らんの 花が あります。

（　　　　）

(2) 妹《いもうと》は 画用紙《がようし》に ねこを かいて、それを 黄色《きいろ》く ぬりました。

（　　　　）

(3) 一時間後《いちじかんご》に もどって きます。それまでに 部屋《へや》を かたづけて おいて ください。

（　　　　）

(4) お店《みせ》の 前《まえ》に プードルが つながれて います。あの 犬は 田中《たなか》さんの 家《いえ》で かって いる ペットです。

（　　　　）

学習した日　月　日

❸ 次《つぎ》の ——線《せん》の こそあど言葉《ことば》は 何《なに》を 指《さ》して いますか。○を つけなさい。

きのう　お母《かあ》さんと　川ぞいの　道《みち》を　さんぽした。橋《はし》を　わたると、近《ちか》くの　木の　上に　アオサギの　すが　あった。①その　中には　一羽《いちわ》の　アオサギが　いた。大きな　体《からだ》だったが、それでも　ひなだそうだ。ここは　人も　たくさん　通《とお》る。②こんな　ところに　アオサギが　すを　作《つく》るのは　めずらしいそうだ。きっと　人に　なれて　いるのだろう。③そう　思《おも》って　お母《かあ》さんに　話《はな》して　いると、遠《とお》くから　「ギャー」と　いう　鳴《な》き声《ごえ》が　聞《き》こえて　きた。④それは、アオサギの　親《おや》が　すに　帰《かえ》って　きた　合図《あいず》のようだった。親《おや》は　くちばしに　魚《さかな》を　くわえて　いて、⑤それを　ひなに　やって　いた。二羽《にわ》で　ならぶと、大きく　見えた　ひなも、やはり　親《おや》よりは　ひと回《まわ》り　小さかった。

①
ア（　）川ぞいの　道《みち》
イ（　）近《ちか》くの　木
ウ（　）アオサギの　す、

②
ア（　）川に　そって　いる　ところ。
イ（　）人が　たくさん　通《とお》る　ところ。
ウ（　）木の　上のような　高《たか》い　ところ。

③
ア（　）アオサギが　人に　なれて　いる　こと。
イ（　）アオサギの　ひなが　大きな　体《からだ》を　して　いる　こと。
ウ（　）アオサギの　すの　近《ちか》くを　人が　たくさん　通《とお》る　こと。

④
ア（　）人に　なれた　アオサギ。
イ（　）お母《かあ》さんに　話《はな》した　こと。
ウ（　）「ギャー」と　いう　鳴《な》き声《ごえ》。

⑤
ア（　）すに　帰《かえ》って　きた　合図《あいず》。
イ（　）くちばしに　くわえた　魚《さかな》。
ウ（　）アオサギの　親《おや》の　くちばし。

9 文の 組《く》み立てに 注意《ちゅうい》しよう

学習した日 月 日

標準レベル たしかめよう

答え 12ページ

1 次《つぎ》の 文から 主語《しゅご》と 述語《じゅつご》を 見つけ、（ ）に 主語《しゅご》の、□に 述語《じゅつご》の 記号《きごう》を 書《か》きなさい。

(1) ア弟《おとうと》の イ持《も》って ウいる エおにぎりが オこの カ中で キいちばん ク大きい。 （ ） □

(2) ア図書館《としょかん》で イかりた ウ本が エかばんの オ中に カある。 （ ） □

(3) ア水泳教室《すいえいきょうしつ》の イあとで、ウわたしは エお母《かあ》さんに オ電話《でんわ》を カかけた。 （ ） □

(4) アあゆみちゃんの イお父《とう》さんは ウ古《ふる》い エお寺《てら》を オ直《なお》す カ大工《だいく》だ。 （ ） □

2 次《つぎ》の ——線《せん》の 言葉《ことば》が くわしく して いる 言葉《ことば》を 書《か》きぬきなさい。

《れい》 雨が ザーザーと ふる。 （ふる）

(1) 妹《いもうと》は 赤い かさを さして いる。 （ ）

(2) ふきんで テーブルの 上を ふく。 （ ）

(3) お母《かあ》さんは 夕ごはんの 買《か》い物《もの》に 行《い》った。 （ ）

(4) ぼくは そっと 犬の 頭《あたま》を なでた。 （ ）

3 文が 正しく つながるように、（　）に 番号《ばんごう》を 書《か》きなさい。

(1)
（　）絵《え》の具《ぐ》を 使《つか》って
（　）絵《え》を かいた
（　）クレヨンと
（ー）弟《おとうと》は
（　）青い ヨットの

(2)
（　）食《た》べない
（ー）コアラは
（　）木の 上で
（　）ユーカリの 葉《は》しか
（　）生活《せいかつ》して いて

(3)
（　）大がたの
（　）できるそうだ
（ー）来月《らいげつ》
（　）ショッピングセンターが
（　）広《ひろ》い ちゅう車場《しゃじょう》の ある

4 次《つぎ》の 文は、□の どの 文と 同《おな》じ なかまですか。記号《きごう》を 書《か》きなさい。

(1) わたしは お母《かあ》さんに たのまれて、せんたく物《もの》を たたんだ。（　）

(2) おりの 中には、生まれて 三か月の ぞうが いる。（　）

(3) ぼくが すきなのは トマトを 使《つか》った りょう理《り》だ。（　）

(4) 祭《まつ》りの 会場《かいじょう》は 笛《ふえ》や たいこの 音で にぎやかだ。（　）

(5) さがして いた 本が ランドセルの 中に あった。（　）

ア だれ(何《なに》)が(は)—どうする
イ だれ(何《なに》)が(は)—どんなだ
ウ だれ(何《なに》)が(は)—何《なん》だ
エ だれ(何《なに》)が(は)—ある（いる・ない）

ハイレベル

答え 12ページ

1 次《つぎ》の　カードを　ならべかえて、正しい　文を　作《つく》りなさい。

(1) 一人で　乗《の》った　ぼくは　バスに
（　　　　　　　　　　　　　　　）

(2) 大きな　開《あ》ける　わにが　口を
（　　　　　　　　　　　　　　　）

(3) とばされる　ぼうしが　風で　妹《いもうと》の
（　　　　　　　　　　　　　　　）

(4) 行《い》った　わたしは　八百屋《やおや》へ　買《か》い物《もの》に
（　　　　　　　　　　　　　　　）

(5) 見せた　テストを　ぼくは　お母《かあ》さんに
（　　　　　　　　　　　　　　　）

2 次《つぎ》の　文の　組《く》み立てを　考《かん》えて、□に　入る　言葉《ことば》を　書《か》きなさい。

(1) 白い　犬が　ワンワン　鳴《な》いた。

犬が（あ）　鳴《な》いた。（い）
（あ）□→犬が　（い）□→鳴いた。

(2) わたしは　算数《さんすう》の　教科書《きょうかしょ》を　開《ひら》いた。

わたしは（あ）　開《ひら》いた。（い）
（あ）□→（い）□→開いた。

(3) ゆかに　落《お》とした　コップが　われた。

コップが　われた。
（あ）□→（い）□　（あ）□→コップが

学習した日　　月　　日

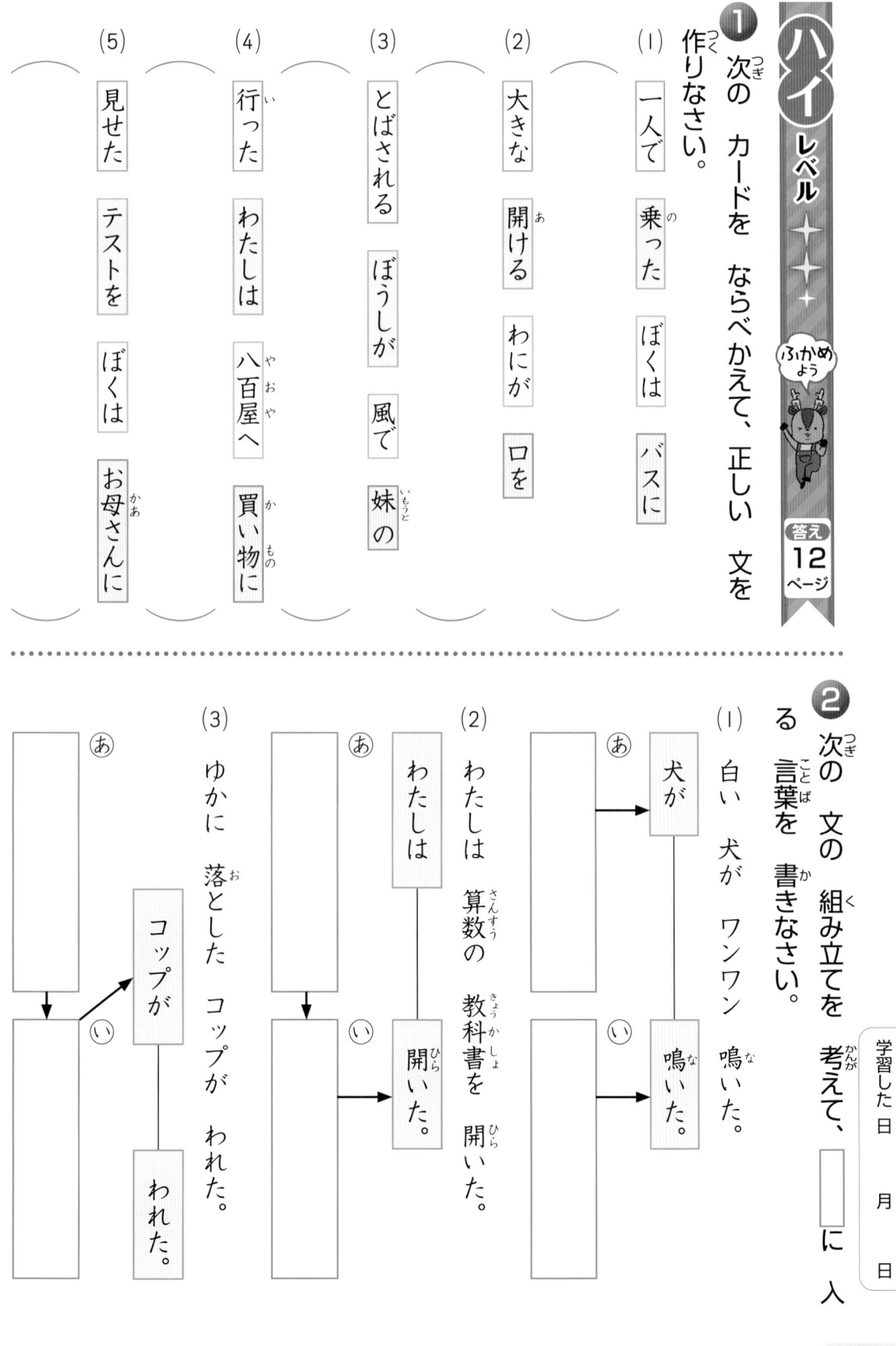

3 次《つぎ》の 文を、言葉《ことば》の じゅんじょを 反対《はんたい》に して 書《か》き直《なお》しなさい。

《れい》 あっちに 行《い》こうよ。
（ 行《い》こうよ、あっちに。 ）

(1) おふろが わいたよ。
（　　　　）

(2) プールの 水が つめたいね。
（　　　　）

(3) この前《まえ》 会《あ》ったのは いつだっけ。
（　　　　）

(4) 水そうの 中に かわった 金魚《きんぎょ》が たくさん いるよ。
（　　　　）

4 次《つぎ》の 文章《ぶんしょう》を 読《よ》んで、問題《もんだい》に 答《こた》えなさい。

> わたしが アニメを 見て いると、弟《おとうと》が 野球《やきゅう》を 見たいと ①さわぎました。でも、わたしは チャンネルを ②かえませんでした。弟《おとうと》が 手足を ばたばたさせて いると、③お母《かあ》さんが、「けんかするなら テレビは きんしね。」と、テレビを 消《け》しました。

(1) ──線《せん》①・②の 述語《じゅつご》に 対《たい》する 主語《しゅご》を 書《か》きぬきなさい。

① （　　　　）　② （　　　　）

(2) ──線《せん》③の 主語《しゅご》に 対《たい》する 述語《じゅつご》を 書《か》きぬきなさい。
（　　　　）

チャレンジテスト　3章　短《みじか》い　文を　読《よ》む

学習した日　月　日

時間 20分　得点　点　答え 13ページ

1 次《つぎ》の　文の　中の　こそあど言葉《ことば》の　使《つか》い方《かた》が　まちがって　いる　部分《ぶぶん》に　――を　引《ひ》き、（　）に　正しく　書《か》き直《なお》しなさい。　一つ9〔36点〕

(1) 山と　海《うみ》、あっちが　すきですか。
（　　）

(2) 川の　向《む》こう、どこに　見えるのが、日本で　いちばん　高《たか》い　山です。
（　　）

(3) 妹《いもうと》は　にぎりこぶしを　見せて、「その　中に　貝ががが　あるの。」と　言《い》いました。
（　　）

(4) かっこいい　くつを　はいて　いるね。これは　どこで　買《か》ったの。
（　　）

2 次《つぎ》の　しゅうしょく語《ご》は、（ア）・（イ）の　どちらに　入れる　ことが　できますか。記号《きごう》を　書《か》きなさい。　一つ8〔24点〕

(1) 山ほど
りんごを（ア）もらったので、わたしは（イ）お礼《れい》を　言《い》いました。
（　　）

(2) ドボンと
弟《おとうと》は　洋服《ようふく》を（ア）ぬぐと、おふろに（イ）入りました。
（　　）

(3) ずいぶん
（ア）遠《とお》くまで　歩《ある》いて　きたので、わたしは　夕ごはんまでに　家《いえ》に　帰《かえ》れるか　どうか、（イ）父《ちち》に　聞《き》きました。
（　　）

3 次《つぎ》の　文章《ぶんしょう》を　読《よ》んで、問題《もんだい》に　答《こた》えなさい。

きゅうりと　いえば、ふつうは　緑色《みどりいろ》の　ものを　思《おも》いうかべますね。［①］、これは　本来《ほんらい》の　色《いろ》では　ないのです。きゅうりが　じゅくすと、長《なが》さは　三十センチメートルぐらいに　なり、色《いろ》も　黄色《きいろ》に　なります。［②］、③きゅうりが　まだ　じゅくして　いない　うちに　食《た》べて　いるのです。

緑色《みどりいろ》の　きゅうりは　少《すこ》し　苦《にが》いですが、じゅくした　黄色《きいろ》の　きゅうりには、ほとんど　苦《にが》みが　ありません。緑色《みどりいろ》は、「まだ　食《た》べるには　早いですよ。苦《にが》さが　のこって　います。」と　いう、きゅうりからの　合図《あいず》なのです。［④］、わたしたちは、⑤それを　おいしい　と　感《かん》じた　ため、きゅうりが　まだ　じゅくさない　うちに　食《た》べるように　なったのです。

(1)　［①］と［④］には　同《おな》じ　つなぎ言葉《ことば》が　入ります。その　つなぎ言葉《ことば》を　考《かんが》えて　書《か》きなさい。〔10点〕

（　　　）

(2)　［②］に　入る　つなぎ言葉《ことば》を　えらんで、○を　つけなさい。〔10点〕

ア（　）つまり
イ（　）そして
ウ（　）もっとも

(3)　——線《せん》③の　文には　主語《しゅご》が　ぬけて　います。おぎなえる　主語《しゅご》を　考《かんが》えて　書《か》きなさい。〔10点〕

（　　　）

(4)　——線《せん》⑤の　こそあど言葉《ことば》が　指《さ》して　いる　言葉《ことば》を、十字いないで　書《か》きなさい。〔10点〕

10 詩《し》を 読《よ》もう

知っトク！ポイント 6ページ

学習した日　月　日

標準レベル

答え 14ページ

1 次《つぎ》の 詩《し》を 読《よ》んで、問題《もんだい》に 答《こた》えなさい。

二ねんせいの 子ども　佐藤義美《さとうよしみ》

わたしと おんなじ 二ねんせいの 子どもが
にっぽんじゅうに いくにん いるか。
キラキラ キラキラ お日さんが てる
あおい そらの 下 みどりの のはらで
一ど みんなで あつまって
なかよし ともだちに なりたいな。

ぼくと おんなじ 二ねんせいの 子どもが
せかいじゅうに いくにん いるか。
キラキラ キラキラ お日さんが てる
あおい うみの 上 ボートに のって
一ど みんなで あつまって
なかよし ともだちに なりたいな。

(1) いくにん いるかから わかる 気持《きも》ちを 一つ えらんで、○を つけなさい。

ア（　）ふしぎに 思《おも》う 気持《きも》ち。
イ（　）わくわくする 気持《きも》ち。
ウ（　）がっかりする 気持《きも》ち。

(2) みんなとは だれの ことですか。

（　　　　）に いる、（　　　　）。

ヒント「なかよし ともだちに なりたいな」と ある。

(3) この 詩《し》の せつめいと して 合《あ》う ものを 二つ えらんで、○を つけなさい。

ア（　）大きく 二つの まとまりに 分《わ》けられる。
イ（　）大きく 四つの まとまりに 分《わ》けられる。
ウ（　）ていねいな 言葉《ことば》を 使《つか》って いる。
エ（　）言葉《ことば》が そろって いて、リズムが ある。

2 次《つぎ》の 詩《し》を 読《よ》んで、問題《もんだい》に 答《こた》えなさい。

手紙《てがみ》

鈴木敏史《すずきとしちか》

ゆうびんやさんが こない 日でも
あなたに とどけられる
手紙《てがみ》は あるのです

ゆっくり すぎる
雲《くも》の かげ
庭《にわ》に まいおりる
たんぽぽの わた毛《げ》
おなかを すかした
のらねこの 声《こえ》も
ごみ集《あつ》めを して いる 人の
ひたいの あせも……

【みんな 手紙《てがみ》なのです
読《よ》もうとさえ すれば】

(1) ゆうびんやさんが こない 日とは、どんな 日ですか。

（　　　　　　）が とどかない 日。

(2) 【　】に ついて 答《こた》えなさい。

㋐ 言葉《ことば》の じゅんじょが 入れかわって います。ふつうの じゅんじょに 直《なお》して、一行《いちぎょう》で 書《か》きなさい。

（　　　　　　）

㋑ どういう ことが 言《い》いたいのですか。一つ えらんで、○を つけなさい。

ア（　）どんな ものにでも、さがせば どこかに 字が 書《か》いて あると いう こと。

イ（　）心《こころ》の 耳を すませば、すべての ものから 何《なに》かを 感《かん》じ取《と》れると いう こと。

ウ（　）日本語《にほんご》で なくても、気持《きも》ちを つたえる ことは できると いう こと。

ヒント 「ゆうびん」で なくても、「手紙《てがみ》」だと うたって いる。

1 ハイレベル ふかめよう

次《つぎ》の　詩《し》を　読《よ》んで、問題《もんだい》に　答《こた》えなさい。

答え 14ページ

見えない　手

まど・みちお

見えない　手が
四方八方《しほうはっぽう》へ　ひきおとします
のぼりつめて
ごきげんな　ふんすいを

①せんまんの　ほうせきに　かえて…

②見えない　手が
たちどころに　二つに　します
かがみの　まえに　くる　一つの　ものを
なんでも　うり二つに
ひとりで　にらめっこ　させようと…

見えない　手が

(1)　この　詩《し》は　いくつの　連《れん》から　できて　いますか。漢数字《かんすうじ》で　答《こた》えなさい。

（　　　）連《れん》

(2)　①せんまんの　ほうせきとは、何《なに》を　たとえた　ひょうげんですか。一つ　えらんで、○を　つけなさい。

ア（　）水に　ぬれた　石ころ。
イ（　）地面《じめん》に　できた　水たまり。
ウ（　）水の　小さな　かたまり。

(3)　②見えない　手が／たちどころに　二つに　しますと　ありますが、それは　何《なん》の　ためですか。

かがみの　まえに　くる　ものに

（　　　　　　　　）

(4)　③にじの　玉と　ありますが、これは　何《なん》の　ことですか。考《かんが》えて　書《か》きなさい。

（　　　　　　　　）

学習した日　　月　　日

③にじの　玉に　して　ささげます
ふきこむ　いきを
うやうやしく
高《たか》みに　いらっしゃる　おかたへ…

④が
はしから　みどりに　すりかえます
きいろの　上に　ぬる　あおを
あおの　上に　ぬる　きいろを
⑤夜《よ》が　あけて　いくように…

ああ　なぜなのだろう
見えない　手が
いつでも　どこにでも　いて
して　のけます
だれにも　できない　素晴《すば》らしい　ふしぎを
目の　さめる　てぎわで…

(5)　④に　入る　言葉《ことば》を、詩《し》の　中から　書《か》きぬきなさい。
（　　　　）

(6)　⑤夜《よ》が　あけて　いくようにの　あとに　つづく　言葉《ことば》を、詩《し》の　中から　一行《いちぎょう》で　書《か》きぬきなさい。
（　　　　）

(7)　作者《さくしゃ》は　この　詩《し》で　どんな　ことを　言《い》いたかったのですか。一つ　えらんで、○を　つけなさい。
ア（　）この　世界《せかい》には、わたしたち　人間《にんげん》の　力では　どうにも　ならない　ことが　たくさん　あると　いう　こと。

イ（　）わたしたちの　まわりには、だれかが　したとしか　思《おも》えないような　ふしぎな　ことが　たくさん　あると　いう　こと。

ウ（　）「見えない　手」の　持《も》ち主《ぬし》のように、自分《じぶん》も　こんな　ふしぎな　力を　手に　入れて　みたいと　いう　こと。

4章 いろいろな 文を 読《よ》む

11 かんさつ記《き》ろく・手紙《てがみ》を 読《よ》もう

知っトク! ポイント 6ページ

学習した日　月　日

標準レベル

たしかめよう

1 次《つぎ》の 文章《ぶんしょう》を 読《よ》んで、問題《もんだい》に 答《こた》えなさい。

答え 15ページ

土から 出て きた せみの よう虫を、家《いえ》に 持《も》って 帰《かえ》りました。かれ木に つかまらせると、しばらく 動《うご》き回《まわ》って いましたが、急《きゅう》に 動《うご》かなく なりました。羽化《うか》の 始《はじ》まりです。三十分《さんじっぷん》くらい たつと せなかに われ目が でき、せい虫の 頭《あたま》が 見えて きました。ときどき ぴくぴくと 体《からだ》が ふるえて、その たびに 少《すこ》しずつ からの 外《そと》に 出て きました。体《からだ》は 白く、羽《はね》だけが 黄緑色《きみどりいろ》です。さらに 一時間《いちじかん》ほど たって、かんぜんに からの 外《そと》に 出ましたが、体《からだ》は まだ ぬれて います。かわくと ともに、だんだん 茶色《ちゃいろ》に なって きました。

(1) かんさつしたのは 何《なん》の 様子《ようす》ですか。

（　　　　　）の 様子《ようす》。

(2) せみが 動《うご》かなく なってから、かんぜんに からの 外《そと》に 出るまでに、どれくらい 時間《じかん》が かかりましたか。

（　　　　　）

ヒント 「三十分《さんじっぷん》くらい」のように、時間《じかん》を 表《あらわ》す 言葉《ことば》に 注目《ちゅうもく》。

(3) せい虫の 色《いろ》は どのように へんかしましたか。

㋐（　　　）と ㋑（　　　）から、㋒（　　　）に。

(4) 次《つぎ》の うち、正しい ものを 一つ えらんで、○を つけなさい。

ア（　）せみの よう虫は、土の 中で 羽化《うか》する。

イ（　）よう虫の 頭《あたま》から せい虫が 出て くる。

ウ（　）からから 出た せい虫は ぬれて いる。

2　次《つぎ》の　手紙《てがみ》を　読《よ》んで、問題《もんだい》に　答《こた》えなさい。

まいちゃん、この　前《まえ》は　ごめんなさい。あの日は　かぜを　ひいて、朝《あさ》から　ねつが　出て　しまいました。いっしょに　行《い》けなく　なって　しまって、わたしも　本当《ほんとう》に　ざんねんでした。三日後《みっかご》、元気《げんき》に　なったので、わたしも　お父《とう》さんと　子ども科学館《かがくかん》に　行《い》きました。シャボン玉の　中に　入ったり、自転車《じてんしゃ》を　こいで　電気《でんき》を　起《お》こしたり　するのが　おもしろかったです。まいちゃんと　いっしょなら、①もっと　楽《たの》しかったのにと　思《おも》うと、②目の　おくが　つんと　しました。今度《こんど》は　ぜったい、いっしょに　行《い》こうね。

　まいちゃんも　プラネタリウムを　見ましたか。夏《なつ》の　大三角《だいさんかく》を　おぼえたから、夏休《なつやす》みの　キャンプの　ときに、本物《ほんもの》の　空で、③どっちが　先に　見つけられるか　きょうそうしましょう。

　それでは、また　お手紙《てがみ》を　くださいね。

ひなこ

(1)　何《なん》の　ために　書《か》かれた　手紙《てがみ》ですか。

（　　　　　　）ことを、まいちゃんに　あやまる　ため。

(2)　①もっと　楽《たの》しかったのにと　思《おも》ったのは、どんな　ときですか。二つ　書《か》きなさい。

（　　　　　　）とき。

（　　　　　　）とき。

ヒント　はじめに　「ごめんなさい」と　ある。

(3)　②目の　おくが　つんと　した　ときの　気持《きも》ちを　一つ　えらんで、○を　つけなさい。

ア（　）ざんねんで、なきそうに　なる　気持《きも》ち。

イ（　）うまく　いかず、いらいらする　気持《きも》ち。

ウ（　）想《そう》ぞうして、うっとりする　気持《きも》ち。

(4)　③どっちが　先に　見つけられるかと　ありますが、何《なに》を　見つけるのですか。

（　　　　　　）

ハイレベル

答え15ページ

ふかめよう

1 次《つぎ》の 文章《ぶんしょう》を 読《よ》んで、問題《もんだい》に 答《こた》えなさい。

学校の 図工《ずこう》の 時間《じかん》に、動物《どうぶつ》の ①土れい作《づく》りを しました。土れいとは、ねん土で 作《つく》った すずの ことです。ぼくは、羊《ひつじ》の 土れいを 作《つく》る ことに しました。

まず、ねん土を 丸《まる》めて 作《つく》った ②ビー玉くらいの 小さい 玉を 用意《ようい》し、それを ティッシュペーパーで しっかりと つつみ、手の こぶしくらいの 大きさの 玉に しました。

できた 大玉に、ねん土で 作《つく》った あつさ三ミリメートルの 板《いた》を はって いきます。この 板《いた》に あつい ところと ③ ところが あると、いい 音に ならないそうです。大玉の 上には 持《も》ち手を つけ、下には 小さい 玉が とび出さない 大きさの 切《き》りこみを 入れて おきます。ぼくは 羊《ひつじ》に したかったので、小さ

←

(1) ①土れいとは 何《なん》の ことですか。

(　　　　)

(2) ②ビー玉くらいの 小さい 玉は、何《なん》の 役目《やくめ》を はたしますか。

(　　　　)

(3) ③に 入る 言葉《ことば》を 考《かんが》えて 書《か》きなさい。

(　　　　)

(4) ねん土の 板《いた》を はった あと、大玉に 何《なに》を つけましたか。四つ 書《か》きぬきなさい。

(　　　　)(　　　　)

(　　　　)(　　　　)

(5) ねん土で 形《かたち》を 作《つく》る ときに、「ぼく」が ㋐くろうした ことと、㋑くふうを した ことは、それぞれ どんな ことですか。

学習した日　月　日

い　耳と　角《つの》、とがった　鼻《はな》を　つけました。耳が　ぐにゃっと　なって　しまったので、何度《なんど》も　つけ直《なお》しました。そして、羊毛《ようもう》の　感《かん》じを　出す　ために、表面《ひょうめん》を　でこぼこに　しました。
できた　土れいを　しばらく　日光《にっこう》で　かんそうさせます。これには　三日　かかりました。だいたい　かんそうしたら、今度《こんど》は　④火に　かけて　それを　やきました。こう　する　ことで、土れいの　中の　⑤　は　やけ、しんの　ねん土だけが　のこります。これが、「しゅ」と　よばれる、音を　出す　部分《ぶぶん》です。さめてから　ふって　みると、カラカラと　高《たか》い　音が　しました。
それから、絵《え》の具《ぐ》で　色《いろ》を　ぬりました。白い　羊《ひつじ》だと　つまらないので、空の　色《いろ》に　ぬる　ことに　しました。水色《みずいろ》の　絵《え》の具《ぐ》で　全体《ぜんたい》を　ぬってから、白い　絵《え》の具《ぐ》で　雲《くも》を　ぬりました。それから、全体《ぜんたい》に　ニスを　ぬって　仕上《しあ》げました。とても　かわいい　土れいが　できました。

あ（　　　）

い（　　　）

(6) ④火に　かけて　と　ありますが、やいたのは　何日《なんにち》間《かん》　かんそうさせてから　ですか。

（　　　）

(7) ⑤　に　入る　言葉《ことば》を、文章中《ぶんしょうちゅう》から　さがして　書《か》きぬきなさい。

（　　　）

(8) 「ぼく」が　土れいに　ぬった　じゅんに、（　）に　番号《ばんごう》を　書《か》きなさい。

あ（　）白い　絵《え》の具《ぐ》

い（　）ニス

う（　）水色《みずいろ》の　絵《え》の具《ぐ》

(9) 色《いろ》を　ぬって、どんな　土れいが　できましたか。

（　　　）

学習した日　月　日

時間 20分　得点　点　答え 16ページ

チャレンジテスト　4章 いろいろな 文を 読《よ》む

1 次《つぎ》の 詩《し》を 読《よ》んで、問題《もんだい》に 答《こた》えなさい。

夕日が せなかを おして くる

阪田寛夫《さかたひろお》

夕日が せなかを おして くる
①まっかな うでで おして くる
歩《ある》く ぼくらの うしろから
でっかい 声《こえ》で よびかける

さよなら さよなら
さよなら きみたち
ばんごはんが まってるぞ
あしたの 朝《あさ》 ねすごすな

(1) この 詩《し》は、大きく 二つに 分《わ》ける ことが できます。前半《ぜんはん》と 後半《こうはん》では 何《なに》が かわって いますか。一つ えらんで、○を つけなさい。〈10点〉

ア（　）前半《ぜんはん》は 夕方《ゆうがた》の 早い 時間《じかん》だが、後半《こうはん》は おそい 時間《じかん》に なって いる。

イ（　）前半《ぜんはん》は 夕日に 親《した》しみを こめて いるが、後半《こうはん》は 少《すこ》し おこって いる。

ウ（　）前半《ぜんはん》は 夕日の がわから、後半《こうはん》は 「ぼくら」の がわから 書《か》いて いる。

(2) ①まっかな うでとは、何《なに》を たとえた 言葉《ことば》ですか。〈15点〉

（　　　　）

(3) ②そんなに おすな あわてるなとは、だれが だれに 言《い》った 言葉《ことば》ですか。〈10点〉

（　　　　）

夕日が　せなかを　おして　くる
②そんなに　おすな　あわてるな
③　ふりむき　太陽《たいよう》に
ぼくらも　負《ま》けず　どなるんだ
さよなら　さよなら
さよなら　太陽《たいよう》
④
あしたの　朝《あさ》　⑤ねすごすな

(4)　③に　入る　言葉《ことば》を　一つ　えらんで、○を　つけなさい。〔10点〕
ア（　）どさり　イ（　）ぐるり　ウ（　）ひらり

(5)　④に　入る　言葉《ことば》を、詩《し》の　中から　書《か》きぬきなさい。〔10点〕
（　　　　　　　）

(6)　⑤ねすごすとは、何《なに》が　どう　なる　ことですか。〔15点〕
（　　　　　　　）

(7)　「ぼくら」の　気持《きも》ちと　して　当てはまらない　ものを　一つ　えらんで、○を　つけなさい。〔15点〕
ア（　）たっぷり　遊《あそ》んだなあと　いう　まんぞく。
イ（　）楽《たの》しい　明日《あした》が　来《く》ると　いう　期待《きたい》。
ウ（　）夜《よる》に　なって　しまうと　いう　あせり。

(8)　この　詩《し》の　せつめいと　して　当てはまらない　ものを　一つ　えらんで、○を　つけなさい。〔15点〕
ア（　）音数《おんすう》が　そろって　いて、リズムが　ある。
イ（　）人で　ない　ものを　人に　たとえて　いる。
ウ（　）言葉《ことば》の　じゅんじょを　入れかえて　いる。

5章 物語文《ものがたりぶん》を 読《よ》む

12 場面《ばめん》・じょうけいを つかもう

学習した日 月 日

知っトク! ポイント 6ページ

標準レベル

答え 17ページ

1 次《つぎ》の 文章《ぶんしょう》を 読《よ》んで、問題《もんだい》に 答《こた》えなさい。

たしかめよう

「どちらに しようかな、うらの かみさまの いう とおり。もひとつ おまけに あのねのね!」

あや子は マンションから でて くると、指《ゆび》を 動《うご》かしました。①いく 方向《ほうこう》は もう きまって います。けれども 「かみさま」にも うかがって みようと 思《おも》ったのです。人さし指《ゆび》が 思《おも》いどおりの 方向《ほうこう》に とまると、まんぞくそうに うなずいて、ゆっくり ②歩《ある》きはじめました。

あや子は、年末《ねんまつ》に この 町に ひっこして きました。

新《あたら》しい 年を むかえると、からだも 心《こころ》も ります。ひっこして きた 日に、ママが 教《おし》えて くれました。でも、校舎《こうしゃ》の むこうがわには まだ いった ことが ありません。きょうは そこに いこうと 思《おも》って いたのです。

〈河俣規世佳《かわばたきよか》「鈴《すず》の音は魔法《まほう》のはじまり」による〉

(1) いつの 出来事《できごと》が 書《か》かれて いますか。一つ えらんで、○を つけなさい。

ア( )大みそかの 直前《ちょくぜん》。

イ( )年の はじめ。

ウ( )春休《はるやす》み。

(2) ①いく 方向《ほうこう》は もう きまって います。と ありますが、あや子は どこに 行《い》く つもりなのですか。

小学校の (　　　　)。

!ヒント さいごの まとまりに 書《か》かれて いる。

きりっと　ひきしまり　「がんばろう！」と　いう　気もちに　なる　ものです。でも、③今年《ことし》は　少《すこ》しも　お正月気分《きぶん》を　あじわう　ことが　できませんでした。

　なかの　いい　友《とも》だちと　わかれなければ　ならない　ひっこしは、楽《たの》しい　ものでは　ありません。ひっこしの　かたづけが　いそがしくて、ママの　手ぬき料理《りょうり》も　つづいて　います。そして、きょうから　ママが　つとめに　でる　ことに　なりました。

　友《とも》だちの　いない　町。ダンボール箱《ばこ》が　たくさん　つみかさなった　へや。ひとりぼっちの　るす番《ばん》。

　へやに　とじこもって　いると　気もちが　しずみます。知《し》らない　町を　歩《ある》けば、新《あたら》しい　年を　むかえるのと　同《おな》じ　気分《きぶん》に　なれるかも　しれません。④そこで、外《そと》に　とびだしたのです。

　「かみさま」が　指《さ》した　方向《ほうこう》に　まっすぐ　いけば、あや子が　かよう　予定《よてい》の　小学校が　あ

(3)　②歩《ある》きはじめましたと　ありますが、この　ときの　あや子の　気持《きも》ちが　わかる　言葉《ことば》を、七字で　書《か》きぬきなさい。

(4)　③今年《ことし》は　少《すこ》しも　お正月気分《きぶん》を　あじわう　ことが　できませんでしたと　ありますが、それは　なぜですか。

・ひっこしの　せいで、（　　）と　わかれなければ　ならなかったから。

・（　　）が　いそがしくて、ママの　手ぬき料理《りょうり》も　つづいて　いるから。

(5)　④そこで、外《そと》に　とびだしたのです。と　ありますが、この　日より　前の　出来事《できごと》が　書《か》かれて　いるのは、どこからですか。はじめの　五字を　書《か》きぬきなさい。

ヒント　「いつ」（時《とき》）が　わかる　言葉《ことば》に　注目《ちゅうもく》する。

ハイレベル

1 次《つぎ》の 文章《ぶんしょう》を 読《よ》んで、問題《もんだい》に 答《こた》えなさい。

ふかめよう

答え 17ページ

ルルは、くちばしを、きゅっと、そらへ むけて、こおりの 上を、①すべって まわりました。からだじゅう、ぽかぽかと、あたたかく なって、ルルは、おなかの へって いる ことも、わすれました。

その とき、あたまの 上に、すうっと、②くろい かげが、おちて きました。

ちゃいろい はねの 大きな 鳥《とり》が、ルルを めがけて、まいおりて きたのです。

トウゾクカモメです。きんいろの 目が、ぎらぎらと、おそろしく 光《ひか》って います。ルルは こわいと おもいました。むちゅうで、③こおりの 上を、にげました。

「おまち、ちいさな ペンギンの ぼうや。わたしは、おまえを たべて しまうよ。」

トウゾクカモメの はばたきが、ルルの くびすじに、すうっと さわりました。

「いやだ、ぼく、たべられるもんか。」

ルルは ⑤こおりの われめの なかに、⑥、さっと、とびこんで いきました。

〈いぬいとみこ「ながいながいペンギンの話《はなし》」による〉

(1) こおりの 上を ①すべって いる ときの ルルの 様子《ようす》を 一つ えらんで、○を つけなさい。

ア（　）ぼんやりと つまらなそうな 様子《ようす》。

イ（　）えさを さがして ひっしな 様子《ようす》。

ウ（　）すべる ことに むちゅうな 様子《ようす》。

(2) ②くろい かげと ありますが、

㋐ 何《なん》と いう 生き物《もの》の かげですか。

（　　　　　　　　　　）

㋑ まいおりて きたのは 何《なん》の ためですか。

（　　　　　　　　　　）

学習した日　月　日

トウゾクカモメは、いいました。

「いやだよ。ぼく、たべられるもんか。」

ルルは、とくいの こおりすべりで、いちもくさんに、にげました。でも、おそろしい 鳥《とり》の はばたきは、もう すぐ うしろに せまって きました。ルルの ④あたまの 毛《け》は さかだちました。

みわたす かぎり まっしろい ゆきと、小石だらけの はらっぱには、かくれる ところが ありません。

けれども、ゆきの なかに、ふかい、こおりの われめが、ぽっかりと、あおみどりいろの 口を あけて いました。もしも、ルルが、あの なかに とびこめば、トウゾクカモメも、そこまでは、おいかけて こられないでしょう。でも、あの みどりいろの、われめの なかにだって、どんな こわい ものが、かくれて いるか わかりません……。

「ふふふふ、ちいさい、ペンギンの ぼうや。わたしは、おまえを たべて しまうよ。」

(3) ③こおりの 上を、にげましたと ありますが、ルルが にげて いるのは どんな 場所《ばしょ》ですか。

（　　　　）

(4) ④あたまの 毛《け》は さかだちましたと ありますが、この とき、ルルは どんな 気持《きも》ちでしたか。二つ えらんで、○を つけなさい。

ア（　）きんちょう　イ（　）あきらめ

ウ（　）いらだち　エ（　）きょうふ

(5) ⑤こおりの われめに とびこむ ことに ついて、ルルは どう 思《おも》いましたか。

なかには（　　　　）からは にげられるが、（　　　　）かも しれない。

(6) ⑥ に 入る 言葉《ことば》を 一つ えらんで、○を つけなさい。

ア（　）よろこんで　イ（　）おもいきって

ウ（　）ゆっくりと　エ（　）まちがえて

13 5章 物語文《ものがたりぶん》を 読《よ》む

気持《きも》ちの うつりかわりを つかもう ①

知っトク！ポイント 6ページ

学習した日 月 日

標準レベル たしかめよう 答え 18ページ

1 次《つぎ》の 文章《ぶんしょう》を 読《よ》んで、問題《もんだい》に 答《こた》えなさい。

「ああ もう いちど えんそうが したいなあ。」

ホルンが すみの ほうから いいました。

「えんそうが したい。」

トランペットも よこから いいました。

「①でも、できないなあ。こんなに こわれて しまって いて、できる はずが ないよ。」

やぶれた たいこが いいました。

「いや、できるかも しれない。いやいや きっと できる。たとえば、こわれた 十の 楽《がっ》きで、一つの 楽《がっ》きに なろう。十が だめなら 十五で、十五が だめなら 二十で、一つの 楽《がっ》きに なるんだ。」

ビオラが いいました。

「それは、②めいあんだわ。」

(1) ①でも、できないなあ。と ありますが、えんそうが 「できない」 のは、なぜですか。

(2) ②めいあんとは、どんな 考《かんが》えですか。一つ えらんで、○を つけなさい。

ア（ ）一つの りっぱな 楽《がっ》きだけで えんそうすると いう 考《かんが》え。

イ（ ）それぞれの だせない 音を みんなで だし合《あ》い、えんそうすると いう 考《かんが》え。

ウ（ ）それぞれが だせない 音を 直《なお》してから、えんそうすると いう 考《かんが》え。

ヒント すぐ 前《まえ》の 「それ」が 指《さ》す ないようを とらえる。

(3) ③ に 入る 言葉《ことば》を 一つ えらんで、○を つけなさい。

ア（ ）暗《くら》い　イ（ ）はずんだ

ウ（ ）おこった

ピッコロが　いいました。
「それなら　ぼくにも　できるかも　しれない。」
もっきんが　③　声《こえ》で　いいました。
「やろう。」「やろう。」
バイオリンや　コントラバス、オーボエ、フルートなども、立ちあがって　いいました。
楽《がっ》きたちは、それぞれ　あつまって　れんしゅうを　はじめました。

「もっと　やさしい　音を！」

「レと　ソは　なったぞ。」

「げんを　もう　ちょっと　しめて……、うん、いい　音だ。」

「ぼくは　ミの　音を　ひく。きみは　ファの　音を　だして　くれないか。」

まいにち　まいにち　れんしゅうが　つづけられました。そして、④やっと　音が　でると、

「できた。」「できた。」

おどりあがって　よろこびました。


〈野呂昶《のろさかん》「こわれた１０００の楽器《がっき》」による〉

(4) ④やっと　音が　でるとと　ありますが、それまでの　楽《がっ》きたちは、どんな　様子《ようす》でしたか。一つ　えらんで、○を　つけなさい。

ア（　）みんなで　きょう力し、一生けんめい　れんしゅうして　いた。

イ（　）なかなか　意見《いけん》が　まとまらず、けんかばかり　して　いた。

ウ（　）やりたく　ないのに　むりやり　れんしゅうさせられて　いた。

(5) 楽《がっ》きたちの　気持《きも》ちは、どのように　かわりましたか。

・はじめ

（　　　　　　　　）

・音が　でた　あと

（　　　　　　　　）

ヒント ビオラの　「めいあん」を　聞《き》く　前《まえ》と　あとから　とらえる。

ハイレベル

ふかめよう

答え 18ページ

1 次《つぎ》の 文章《ぶんしょう》は、「ぼく」が、かって いる ハトの くん練《れん》を して いる ところから 始《はじ》まります。読《よ》んで、問題《もんだい》に 答《こた》えなさい。

「いいぞ、リュウ。とべ、もっと 高《たか》く！」

だが、ぼくの よろこびは、たちまち 悲鳴《ひめい》に かわった。

東《ひがし》の 空から、五十羽《ごじっぱ》ほどの ハトの 大ぐんが 近《ちか》づいて きたのだ。むれは、リュウの 上まで 来《く》ると、いきなり キリモミじょうに 急《きゅう》こう下した。むれが 大きく みだれ、リュウは たちまち その 中に きゅうしゅうされて しまった。そして むれは、もとのように 大ぐんを つくると、リュウを のみこんだ まま、高度《こうど》を 上げて 西《にし》へ 向《む》かって とんで いって しまったのだ。

①あっと いう まの 出来事《できごと》で、口笛《くちぶえ》を ふく ひまさえ なかった。ぼくは からだから いっぺ

←

ぼくは 口笛《くちぶえ》を ふいたが、うれしくて、くちびるが ふるえて 音が うまく 出て こなかった。

「リュウ、心配《しんぱい》したぞ。」

⑤とう着台《ちゃくだい》に もどって きた リュウに いった。

なかまが たくさん むかえに きたので、ちょっと 朝《あさ》の さんぽに 行《い》って きたんだよ——ぼくの 気も 知《し》らないで、リュウは そんな のんきな ことを いって いるようだった。

〈井上猛《いのうえたけし》「飛《と》べ金色《きんいろ》のハト」による〉

＊帰《き》そうのう力……動物《どうぶつ》が 自分《じぶん》の す・に 帰《かえ》って くる力。

(1) ①あっと いう まの 出来事《できごと》とは、だれ(何《なに》)が どう なった ことですか。

(2) ②秀夫《ひでお》の ハトを 思《おも》い返《かえ》した ときの 「ぼく」の 気持《きも》ちを 一つ えらんで、○を つけなさい。

学習した日　月　日

んに 力が ぬけて しまった。まるで ワラ人形《にんぎょう》みたいに、ぼうっと リュウの 消《き》えた 西空《にしぞら》を見て いた。大ぐんの とんで いった 空は広々《ひろびろ》と して、どこまでも 青く すんで いた。

帰《かえ》って こなかった ②秀夫《ひでお》のハトの ことが、思《おも》い返《かえ》された。

じっと 青い 空を 見つめていると、③鼻《はな》の おくが つうんとして、あつい ものが こみあげて きた。

だが リュウは 帰《かえ》って きた。西《にし》の 空から、点《てん》のように 見えた ハトが リュウだと かくにんできた とき、ぼくは むねの うちで 万《ばん》ざいを さけんで いた。

リュウは アパートの 上空を ゆっくり せん回《かい》して、屋根《やね》に おりた。ハトは 集《しゅう》だんをこのむから、わかい リュウが 大ぐんを ふりきって もどって きたのは、リュウの ＊帰《き》そうのう力の 高《たか》さを しめして いると いえた。

④「ピーユ、ピーユ、ピピッ。」

ア（　）なつかしさ　イ（　）ぜつぼう
ウ（　）いかり

(3) ③鼻《はな》の おくが つうんと して、あつい ものが こみあげて きた ときの 「ぼく」の 気持《きも》ちを 一つ えらんで、○を つけなさい。

ア（　）リュウが なかまの ところに 帰《かえ》れたので、ほっと 安心《あんしん》して いる。

イ（　）リュウを 遠《とお》くに 見つけて、帰《かえ》って きて くれた ことを よろこんで いる。

ウ（　）リュウが もう 帰《かえ》って こないのでは ないかと 思《おも》い、深《ふか》く 悲《かな》しんで いる。

(4) ④ピーユ、ピーユ、ピピッ。と 口笛《くちぶえ》を ふいた とき、「ぼく」は、どんな 気持《きも》ちでしたか。

（　　　　　　　　　　　　　　　　　　）

(5) ⑤とう着台《ちゃくだい》に もどって きた リュウの 様子《ようす》が わかる 言葉《ことば》を、三字で 書《か》きぬきなさい。

□□□な 様子《ようす》。

14 気持《きも》ちの うつりかわりを つかもう ②

知っトク ポイント 6ページ

学習した日 月 日

標準レベル たしかめよう 答え 19ページ

1 次《つぎ》の 文章《ぶんしょう》を 読《よ》んで、問題《もんだい》に 答《こた》えなさい。

「ふー」

ためいきが 出た。

①となりの せきの まなちゃんが しんぱいそうに きいて くる。

「どうしたの、ゆうくん。シチュー きらい?」

ぼくは だまって うなずいた。

クリームシチューは すきじゃ ない。

ついでに いえば、パンも きらい。

きょうは さいあく!

いちばん にがてな ぶどうパンが 出るんだもん。

おふろに つかりすぎて ふやけちゃった ゆびの 先みたいに、しわしわの ほしぶどう。かむと、あまくて すっぱくて、②いつも ぶるぶる

(1) いつの 出来事《できごと》が 書《か》かれて いますか。

(　　　　)の 時間《じかん》の 出来事《できごと》。

(2) ①となりの せきの まなちゃんが しんぱいそうに きいて くる。に ついて 答《こた》えなさい。

あ まなちゃんは 何《なに》を 見《み》て 心配《しんぱい》に なったのですか。

「ぼく」が クリームシチューを 前《まえ》に して、(　　　　)を ついて いる すがた。

い あの すがたを 見て、まなちゃんは どんな ことに 気づいたのですか。

(　　　　)

(3) ②いつも ぶるぶる ふるえちゃうと ありますが、この ときの 「ぼく」は どんな 気持《きも》ちですか。一つ えらんで、○を つけなさい。

ふるえちゃうんだ。

ぼくは　パンから　ぶどうだけを　ほじくり出して、おさらの　すみっこに　つみ上げた。そして、③あなだらけの　パンを　かじりはじめた。

「先生、おかわりして　いいですか？」

たくちゃんが　立ち上がる。

「いいですよ」

さち子先生の　こえに、

「おれも！」

しょうちゃんも　つづく。

なんで　みんな、たべるのが　そんなに　はやいんだ。

ぼくは　きゅうしょくが　にがて。

いつだって　ビリに　なっちゃう。

おしゃべりを　しないで　いっしょうけんめいたべても、ビリなんだ。

だから　④きゅうしょくの　じかんって　ゆううつ……。

〈小栗理香子《おぐりりかこ》「きゅうしょくかいじゅうモグモグン」による〉

ア（　）ぶどうパンは　意外《いがい》と　おいしいと　いう　気持《きも》ち。

イ（　）がんばって　ぶどうパンを　食《た》べようと　いう　気持《きも》ち。

ウ（　）ぶどうパンが　きらいで　たまらないと　いう　気持《きも》ち。

ヒント　「いちばん　にがてな　ぶどうパン」と　ある。

(4)　③あなだらけの　パンとは、どんな　パンですか。

ぶどうパンから（　　　　）を　ほじくり出した　パン。

(5)　④きゅうしょくの　じかんって　ゆううつと　ありますが、それは　なぜですか。

・きゅうしょくには（　　　　）な　ものが　いろいろ　出るから。

・いっしょうけんめい　食《た》べても、いつも（　　　　）に　なるから。

ヒント　直前《ちょくぜん》に　「だから」と　ある　ことに　注目《ちゅうもく》する。

ハイレベル

1 次《つぎ》の 文章《ぶんしょう》を 読《よ》んで、問題《もんだい》に 答《こた》えなさい。 答え19ページ

「まあだ？」

きゅうしょくとうばんの ゆりちゃんが、いつのまにか ぼくの 目の まえに 立って いる。

①「あっ、ごめんね、あと すこしなんだ」

ぼくが ちびちび たべて いる うちに、みんなは さっさと かたづけまで すませて、どこかへ いって しまった。

「もう いくぞ！」

きゅうしょくとうばんの かずくんが こえを かけて くる。

「あとは ゆうくんが きゅうしょくしつまで じぶんで もって いってね」

と、ゆりちゃん。

ぼくは ②のこった パンを 口に ぎゅうぎゅう おしこんで、③目を 白黒《しろくろ》させながら、

「うっ、うん」

……

らうと、ちょっぴり げん気が 出る。

「あしたこそ、ぜんぶ たべるぞ！」

って、ゆうきも わいて くるんだ。

〈小栗理香子《おぐりりかこ》「きゅうしょくかいじゅうモグモグン」による〉

(1) ①あっ、ごめんねと ありますが、「ぼく」が あやまって いるのは、なぜですか。

きゅうしょくとうばんの ゆりちゃんを（　　　　　　　　）から。

(2) ②のこった パンを 口に ぎゅうぎゅう おしこんでと ありますが、このように したのは、なぜですか。

（　　　　　　　　）

(3) ③目を 白黒《しろくろ》させながらと ありますが、ここから 「ぼく」の どんな 様子《ようす》が わかりますか。一つ えらんで、○を つけなさい。

学習した日　　月　　日

郵便はがき

141-8426

おそれいりますが，切手をおはりください。

東京都品川区西五反田２－11－８
（株）文理

「トクとトクイになる！
小学ハイレベルワーク」
アンケート 係

ご住所	〒 都道府県 市区郡 電話 － －		
お名前	フリガナ	男・女	学年 年
お買上げ月	年 月	学習塾に □通っている □通っていない	
スマートフォンを	□持っている □持っていない		

＊ご住所は町名・番地までお書きください。

✂はがきで送られる方はここを切り取ってください。

「トクとトクイになる！ 小学ハイレベルワーク」をお買い上げいただき，ありがとうございました。今後のよりよい本づくりのため，裏《うら》にありますアンケートにお答えください。

アンケートにご協力くださった方の中から，抽選《ちゅうせん》で（年２回），**図書カード 1000 円分**をさしあげます。（当選者の発表は賞品の発送をもってかえさせていただきます。）なお，このアンケートで得た情報《じょうほう》は，ほかのことには使用いたしません。

《はがきで送られる方》

① 左のはがきの下のらんに，お名前など必要事項《じこう》をお書きください。
② 裏《うら》にあるアンケートの回答を，右にある回答記入らんにお書きください。
③ 点線にそってはがきを切り離《はな》し，お手数ですが，左上に切手をはって，ポストに投函《とうかん》してください。

《インターネットで送られる方》

文理のホームページよりアンケートのページにお進みいただき，ご回答ください。

https://portal.bunri.jp/questionnaire.html

アンケート

●次のアンケートにお答えください。回答は右のらんにあてはまる□をぬってください。

[1] 今回お買い上げになった教科は何ですか。
①国語　②算数　③理科　④社会

[2] 今回お買い上げになった学年は何ですか。
①1年　②2年　③3年
④4年　⑤5年　⑥6年
⑦1・2年(理科と社会)　⑧3・4年(理科と社会)

[3] この本をお選びになったのはどなたですか。
①お子様　②保護者様　③その他

[4] この本を選ばれた決め手は何ですか。(複数可)
①内容・レベルがちょうどよいので。
②カラーで見やすく，わかりやすいので。
③「答えと考え方」がくわしいので。
④中学受験を考えているので。
⑤自動採点 CBT がついているので。
⑥付録がついているので。
⑦知り合いにすすめられたので。
⑧書店やネットなどですすめられていたので。
⑨その他

[5] どのような使い方をされていますか。(複数可)
①お子様が一人で使用
②保護者様とごいっしょに使用
③答え合わせだけ，保護者様とごいっしょに使用
④その他

[6] 内容はいかがでしたか。
①わかりやすい　②ややわかりにくい
③わかりにくい　④その他

[7] 問題の量はいかがでしたか。
①ちょうどよい　②多い　③少ない

[8] 問題のレベルはいかがでしたか。
①ちょうどよい　②難しい　③やさしい

[9] ページ数はいかがでしたか。
①ちょうどよい　②多い　③少ない

[10] 表紙デザインはいかがでしたか。
①よい　②ふつう　③よくない

[11] 別冊の「答えと考え方」はいかがでしたか。
①ちょうどよい　②もっとくわしく
③もっと簡単でよい　④その他

[12] 付属の自動採点 CBT はいかがでしたか。
①役に立つ　②役に立たない
③使用していない

[13] 役に立った付録は何ですか。(複数可)
①しあげのテスト（理科と社会の1・2年をのぞく）
②問題シール（理科と社会の1・2年）
③WEB でもっと解説（算数のみ）

[14] 学習記録アプリ［まなサポ］はいかがですか。
①役に立つ　②役に立たない　③使用していない

[15] 文理の問題集で，使用したことのあるものがあれば教えてください。(複数可)
①小学教科書ワーク
②小学教科書ドリル
③小学教科書ガイド
④できる!! がふえる♪ドリル
⑤トップクラス問題集
⑥全科まとめて
⑦ハイレベル算数ドリル
⑧その他

[16]「トクとトクイになる！ 小学ハイレベルワーク」シリーズに追加発行してほしい学年・分野・教科などがありましたら，教えてください。

[17] この本について，ご感想やご意見・ご要望がありましたら，教えてください。

[18] この本の他に，お使いになっている参考書や問題集がございましたら，教えてください。また，どんな点がよかったかも教えてください。

アンケートの回答：記入らん

[1] □① □② □③ □④
[2] □① □② □③ □④ □⑤ □⑥ □⑦ □⑧
[3] □① □② □③(　　)
[4] □① □② □③ □④ □⑤ □⑥ □⑦ □⑧ □⑨(　　)
[5] □① □② □③ □④(　　)
[6] □① □② □③ □④(　　)
[7] □① □② □③
[8] □① □② □③
[9] □① □② □③
[10] □① □② □③
[11] □① □② □③ □④(　　)
[12] □① □② □③
[13] □① □② □③
[14] □① □② □③
[15] □① □② □③ □④ □⑤ □⑥ □⑦ □⑧(　　)
[16]
[17]
[18]

ご協力ありがとうございました。トクトク小学ハイレベルワーク

と　うなずいた。
パンが　のどに　つまったのと、はずかしいのや　くやしいのや　かなしいのが　ごちゃまぜになって、なみだが　じわーっと　にじんで　きた。
　きゅうしょくしつまで　いそいで　おさらを　もって　いく。
「ごちそうさまでした……。」
　おそるおそる　ちょうりばの　そとから　こえを　かけると、ちょうりいんの　田中《たなか》さんが　おくから　にっこりと、えがおで　しょっきを　うけとって　くれた。
「はーい、ありがとね。④さいごまで　よく　がんばったねえ！」

　いつも、あとから　ひとりで　しょっきを　もって　いく　ぼくを　田中《たなか》さんは　やさしい　えがおで　はげまして　くれる。
　ちょうりばの　中は　すごく　あつくて　たいへんなのに、いつも　にこにこ　わらって　いる　げん気な　人だ。
「がんばってね！」と　田中《たなか》さんに　いって　も

ア（　）パンが　のどに　つまって、苦《くる》しがって　いる　様子《ようす》。
イ（　）自分《じぶん》で　しょっきを　持《も》って　いく　ことが　いやな　様子《ようす》。
ウ（　）やっと　きゅうしょくを　食《た》べ終《お》えて、よろこんで　いる　様子《ようす》。

(4)　④さいごまで　よく　がんばったねえ！に　ついて　答《こた》えなさい。
あ　この　ときの　田中《たなか》さんは　どんな　気持《きも》ちでしたか。一人で　のこって　きゅうしょくを　食《た》べた「ぼく」を（　　　　）と　いう　気持《きも》ち。
い　田中《たなか》さんに　こう　言《い》われて、「ぼく」は　どんな　気持《きも》ちに　なりましたか。
（　　　　）

チャレンジテスト　5章　物語文《ものがたりぶん》を　読《よ》む

時間 20分　得点　　点　答え 20ページ

学習した日　　月　　日

1 次《つぎ》の　文章《ぶんしょう》を　読《よ》んで、問題《もんだい》に　答《こた》えなさい。

①二本の　わりばしを、十の　字に　して　アルミの　はり金で　きつく　しばりつける。羽《はね》を　いっぱいに　広《ひろ》げて　とんで　いる　感《かん》じに　なった。わりばしだけの　ツバメを　持《も》って、②目の　前《まえ》を　とばせて　みた。

にんまりしながら、ツバメの　体《からだ》に　ふくらみを　持《も》たせる　はり金を　まきつけて　いた。その　とき、頭《あたま》の　上から　手が　のびて　きた。坂本《さかもと》先生だった。

「あら、何《なん》の　鳥《とり》かしら。」

先生は　ノブの　手から　ツバメを　取《と》り上げた。

「朝《あさ》、はじめて　ツバメ　見たから……。」

声《こえ》が　大きかったような　気が　する。

「③みんな、見てえ、小林《こばやし》くんが　ツバメを　作《つく》るんだって、わりばしと　はり金で　しっかり　ほね組《ぐ》みが　できて　いるわねえ。」

マサカツちゃんだって、友《とも》だちだ。

だれだろうって　考《かんが》えると、「えこひいき。」という　声《こえ》が　耳の　中に　もどって　きた。

〈高橋秀雄《たかはしひでお》「ぼくのヒメマス記念日《きねんび》」による〉

(1) ①二本の　わりばしで　作《つく》った　ほね組《ぐ》みは、何《なに》が　どのように　して　いる　ところですか。〔20点〕

(2) ②目の　前《まえ》を　とばせて　みた　とき、ノブは　どんな　気持《きも》ちでしたか。一つ　えらんで、○を　つけなさい。〔10点〕

ア（　）上手《じょうず》に　できて、うれしいな。

イ（　）うまく　できなくて、こまったなあ。

ウ（　）あきたから、もう　作《つく》りたく　ないなあ。

(3) ③みんな、見てえと　言《い》った　とき、先生は　どんな　気持《きも》ちでしたか。〔20点〕

先生は　しっかり　できて　いるのを　見せるつもりか、上下に　ゆらして　いる。ツバメをみんなが　見て　いる。ノブは　少《すこ》し　はずかしかった。

「これから、どう　やって　羽《はね》を　作《つく》るかが　問《もん》題《だい》ね。」

がんばってと　いって、先生が　ツバメを　返《かえ》して　くれた。その　とき、

④「えこひいき。」

と、どこからか、ぼそっと　した　声《こえ》が　聞《き》こえて　きた。ぞうっと　して　せすじが　寒《さむ》く　なった。⑤まわりを　見回《みまわ》した。みんなは　わりばしと　はり金を　相手《あいて》に　ふんとうして　いた。

——だれ、だれだったんだ、あの　声《こえ》、男子だ。

ノブには　男子　全部《ぜんぶ》が　その　はん人のように　思《おも》えた。でも　すぐ、竹内《たけうち》くんは　ちがうと　思《おも》った。そんな　こと　いう　はずが　ない。親友《しんゆう》だもの。すると、ほかの　男子が　はん人に　思《おも》えた。

——ちがう。ショウマだって、ジュンペイだって

(4)　④えこひいき。と　ありますが、　一つ10〔30点〕

あ　だれの　どんな　行動《こうどう》を　指《さ》した　言葉《ことば》ですか。

・だれの（　　　）

・どんな　行動《こうどう》（　　　）

い　その　言葉《ことば》を　聞《き》いた　ノブの　気持《きも》ちを　一つ　えらんで、○を　つけなさい。

ア（　）本当《ほんとう》なので、べつに　気に　ならない。

イ（　）「えこひいき」と　いう　言葉《ことば》の　意味《いみ》が　わからない。

ウ（　）そんな　ふうに　思《おも》われて　いたなんて、おそろしい。

(5)　⑤まわりを　見回《みまわ》した。と　ありますが、それは　何《なん》の　ためですか。〔20点〕

（　　　）

15 話《わ》題《だい》を つかもう

知っトク! ポイント 7ページ

標準レベル

たしかめよう

答え 21ページ

1 次《つぎ》の 文章《ぶんしょう》を 読《よ》んで、問題《もんだい》に 答《こた》えなさい。

すきな すしを、自由《じゆう》に とって 食《た》べる ことが できる ①回転《かいてん》ずしは、子どもにも 大人《おとな》にも、人気が あります。また、外国《がいこく》でも 人気で、店《みせ》が いくつも できて います。

さらが 回《まわ》って くると いう、べんりで 楽《たの》しい 方《ほう》ほうは、どう やって 考《かん》えだされたのでしょう。

②ふつうの すしやさんは、おきゃくさんの 注《ちゅう》文《もん》を うけてから、作《つく》ります。人手が かかるので、すしの ねだんも 高《たか》く なります。

今《いま》から 六十年くらい 前《まえ》、大阪《おおさか》の すしやさんが はんじょうして いて、その ため 人手が 足りなくて こまって いました。

➡

(1) この 文章《ぶんしょう》には どんな ことが 書《か》かれて いますか。

回《かい》転《てん》ずしで さらを 回《まわ》す 方《ほう》ほうは、（　　　　）。

(2) ①回転《かいてん》ずしと ②ふつうの すしやの ちがいを、次《つぎ》の 表《ひょう》に まとめなさい。

回転《かいてん》ずし	ふつうの すしや
すきな すしを、あ（　　）に とって 食《た》べられる。	おきゃくさんの い（　　）を うけてから 作《つく》る。
人手を へらせて、ねだんが う（　　） なる。	人手が かかり、ねだんが え（　　） なる。

ヒント うと えは 反対《はんたい》の 意味《いみ》の 言葉《ことば》が 入る。

そんな　ときに、ビール工場《こうじょう》の　ベルトコンベアを　見て、さらを　ベルトコンベアに　のせて、回《まわ》す　ことを　思《おも》いついたのです。

しかし、ベルトコンベアを　カーブさせるのに、くろうしました。［③］、ベルトを　おうぎ形《がた》に　ひらいた　トランプのように　した　ところ、すきまが　できずに、うまく　回《まわ》るように　なりました。④すしを　さらに　のせて　回《まわ》す　ことで、人手を　へらせました。

おきゃくさんに　とっても、またずに　食《た》べられ、食《た》べた　分《ぶん》の　ねだんが、さらの　色《いろ》や　数《かず》で、わかりやすく　なりました。

こうして　やすくて　おいしい　すしを、⑤気軽《きがる》に　食《た》べられるように　なったのです。

〈早野美智代《はやのみちよ》『なぜ？　どうして？　みぢかなぎもん　2年生』所収「回転《かいてん》ずしは、どうやって思《おも》いついたの？」（Gakken刊）による〉

---

(3)　［③］に　入る　つなぎ言葉《ことば》を　一つ　えらんで、〇を　つけなさい。

ア（　）つまり
イ（　）あるいは
ウ（　）そこで

(4)　④すしを　さらに　のせて　回《まわ》すと　ありますが、この　方法《ほうほう》を　思《おも》いついた　きっかけは　どんなことですか。

（　　　　　　　　　　）

(5)　回転《かいてん》ずしを　⑤気軽《きがる》に　食《た》べられるように　なったのは、なぜですか。

・注文《ちゅうもん》を　うけてから　作《つく》る　手間《てま》が　はぶけ、おきゃくさんが（　　　　　）食《た》べられるから。

・さらの　色《いろ》や　数《かず》で、（　　　　　）。

！ヒント　直前《ちょくぜん》の「こうして」が　指《さ》す　ないようを　とらえる。

ハイレベル

答え 21ページ

ふかめよう

1 次《つぎ》の 文章《ぶんしょう》を 読《よ》んで、問題《もんだい》に 答《こた》えなさい。

空気は、目には 見えません。[①]、水の 中では あわに なるので、見る ことが できます。②自転車《じてんしゃ》の タイヤが パンクした とき、タイヤの チューブを 水の 中に 入れて、あなが あいて いる 場所《ばしょ》を しらべます。水の 中では、パンクあなから 空気が あわと なって 出て きます。

水を つかって、③目に 見えない 空気を さがして みましょう。

かわいた スポンジを 水の 中で にぎると、あわが 出て きます。これは、スポンジの 細《こま》かい あなの 中に、たくさんの 空気が 入って いたからです。ほかにも、かわいた タオルを まるめて 水の 中で にぎると、空気の あわが 出て きます。

花だんの 土を ひとかたまり とって きて、

←

学習した日　月　日

(1) [①]に 入る つなぎ言葉《ことば》を 一つ えらんで、○を つけなさい。

ア(　)でも　イ(　)そして
ウ(　)つまり

(2) ②自転車《じてんしゃ》の タイヤが パンクした とき、パンクあなが どこなのか 知《し》る ためには、どう したら よいですか。

(　　　　　　　　)

(3) ③目に 見えない 空気と ありますが、水を つかうと 空気を 見つける ことが できるのは、なぜですか。

(　　　　　　　　)

(4) 水の 中に 入れて あわが 出る ものと して、何《なに》が あげられて いますか。すべて 書《か》きなさい。

(　　　　　　　　)

水の　中で　くずして　みると、④土の　中からも　あわが　出て　きます。これも　空気の　あわです。土の　中にも　空気が　あるのです。土の　中に　すむ　動物《どうぶつ》や、植物《しょくぶつ》の　根《ね》は、この土の　中の　空気に　入って　いる　さんそをすって　生活《せいかつ》して　いるのです。⑤まだ　あります。水を　なべの　中に　入れてゆっくり　あたためて　いくと、五十度《ごじゅうど》くらいでなべに　あわが　つきます。この　あわは、水の中に　とけて　いた　空気です。⑥水の　中にも　空気は、とけて　いるのです。水の　中に　すむ　魚《さかな》は、この　水の　中に　とけて　いる　空気に　入って　いる　さんそを、エラから　とり入れて　生活《せいかつ》して　います。

　空気は、いろいろな　ものの　中に入って　います。ほかにも　いろいろな　もので、空気が　入って　いるかどうか、しらべて　みると　おもしろいですね。

〈宮内主斗《みやうちきみと》「たのしい理科《りか》こばなし②宇宙《うちゅう》ともの」による〉

(5)　④土の　中からも　あわが　出て　きますと　ありますが、ここから　どういう　ことが　わかりますか。

（　　　　　　　　　　）

(6)　⑤まだ　あります。と　ありますが、何《なに》が　あるのですか。一つ　えらんで、○を　つけなさい。

ア（　）中に　空気が　入って　いる　もの。

イ（　）さんそを　すって　生きて　いる　もの。

ウ（　）土の　中から　空気を　見つける　方ほう《ほう》。

(7)　⑥水の　中にも　空気は、とけて　いる　ことを、どんな　方ほう《ほう》で　しらべて　いますか。

（　　　　　　　　　　）

(8)　この　文章《ぶんしょう》の　題名《だいめい》と　して　合《あ》う　ものを　一つ　えらんで、○を　つけなさい。

ア（　）空気を　さがそう

イ（　）大切《たいせつ》な　さんそ

ウ（　）水の　中の　あわ

16 大事《だいじ》な ところを つかもう

標準 レベル　たしかめよう　答え 22ページ

知っトク！ポイント 7ページ

学習した日　月　日

1 次《つぎ》の 文章《ぶんしょう》を 読《よ》んで、問題《もんだい》に 答《こた》えなさい。

おきなわでは「①ヤギが 鳴《な》けば 雨が ふる。」と いわれるくらい、ヤギは しめり気が きらいで、かわいた 場所《ばしょ》が 大すきです。その ため、②ヤギを かう ときは ゆかに すのこを しいて かう ことが 多《おお》いようです。ヤギの じゅみょうは 十年から 十二年ほどです。

水は 毎日《まいにち》 飲《の》まなくても 平気《へいき》です。えさは 下に 落《お》ちて よごれて しまった ものは きらいますが、やわらかい 草だけでは なく 木の 葉《は》、め、小えだでも よろこんで 食《た》べます。

その ために、草が あまり はえず、かん木《ぼく》しか はえて いないような ③かわいた 土地《とち》や あれた 土地《とち》でも かえるのです。新《あたら》しく やぶを 農地《のうち》と して 切《き》り開《ひら》こうと する ときに、

←

(1) ①ヤギが 鳴《な》けば 雨が ふる。と ありますが、ヤギが 鳴《な》く 理由《りゆう》を、どのように 考《かんが》えて いるのですか。一つ えらんで、○を つけなさい。

ア（　）しめっぽい 天気が いやだから。

イ（　）雨で ぬれると、気持《きも》ちいいから。

ウ（　）早く ねどこに 帰《かえ》りたいから。

(2) ②ヤギを かう とき、ゆかに すのこを しいて かうのは、なぜですか。

（　　　　　）

(3) ③かわいた 土地《とち》や あれた 土地《とち》でも ヤギを かえるのは、なぜですか。

（　　　　　）

(4) ④ヤギが 地球上《ちきゅうじょう》の いろいろな ちいきで かわれるのは、なぜですか。二つ えらんで、○を つけなさい。

さいしょに ヤギに やぶの 木を 食《た》べさせる と いう ことも あります。

わたしも、ときどき し育《いく》とうの ヤギに、いつも あたえて いる えさとは べつに、イヌビワを えだごと 取《と》って きて あたえて いましたが、ヤギは ふだんの えさと 同《おな》じように よろこんで 食《た》べて しまいました。かたい えだも 平気《へいき》なのです。

④ヤギが 地球上《ちきゅうじょう》の いろいろな ちいきで かわれるように なった、大きな 理由《りゆう》の ひとつが それです。

また、人に なれやすい せいかくも ヤギが 世界中《せかいじゅう》で かわれて いる 理由《りゆう》だと 思《おも》います。

それに おもしろい ことに、ヤギは 自分《じぶん》の 意《い》しが はっきりして いるのか、ヒツジの むれの 中に いれて おくと、いつのまにか ⑤リーダーのように なって しまうそうです。バングラデシュと いう 国《くに》では ウシ、ヒツジ、ヤギを まぜた むれで い動《どう》させる とき、ヤギが いつも 先頭《せんとう》に なって 歩《ある》いて いるそうです。

〈岸上祐子《きしかみゆうこ》「ヤギの見る色《いろ》どんな色《いろ》?」による〉

ア（　）草の はえにくい 土地《とち》でも かえるから。
イ（　）農地《のうち》を 切《き》り開《ひら》く ときに べんりだから。
ウ（　）人間《にんげん》に なれやすい せいかくだから。
エ（　）リーダーに なれる せいかくだから。

ヒント 「理由《りゆう》」と いう 言葉《ことば》が 出て くる ところに 注目《ちゅうもく》。

(5) ヤギが ⑤リーダーのように なって しまうのは なぜだと 考《かんが》えて いますか。

（　　　　　　　　　　　　　　　　　）

(6) この 文章《ぶんしょう》の ないように 合《あ》う ものを 一つ えらんで、○を つけなさい。

ア（　）ヤギは、おおよそ 十年くらい 生きる 動物《どうぶつ》だ。
イ（　）ヤギは、やわらかい イヌビワの えだも よろこんで 食《た》べる。
ウ（　）ヤギと ウシでは、体《からだ》の 大きい ウシが リーダーに なる。

ヒント 「○年」「イヌビワ」「ウシ」が 出て くる 部分《ぶぶん》に 注目《ちゅうもく》。

ハイレベル

ふかめよう

1 次《つぎ》の 文章《ぶんしょう》を 読《よ》んで、問題《もんだい》に 答《こた》えなさい。

答え 22ページ

せいこうするか しっぱいするか わからないけれど、とにかく、とりあえず やって みる。うまく いくように がんばって みる。それが ①トライです。

いい 言葉《ことば》じゃ ないですか。

「ためして みる」「しっぱいするかも しれない」「どカする」と いう 三つの 意味《いみ》が すべて ふくまれて いるんです。そう いう 言葉《ことば》の 意味《いみ》から 考《かんが》えても、トライこそが 自《じ》しんを ささえる 土台《どだい》なのだ、と いう ことが、わかって もらえると 思《おも》います。

なにしろ、この 三つは、本当《ほんとう》の 意味《いみ》での 自《じ》しんを かくとくする ためには、どうしても ひつような ②三大ようそ。「ためす↓しっぱいする↓どカする」と いう 流《なが》れを けいけんする 中からこそ、真《しん》の 自《じ》しんが 生まれて くるのです。

③、きみが 野球《やきゅう》に はじめて トライしはないですか？

その ときの 気持《きも》ちが「⑥自《じ》しん」です。

〈松岡修造《まつおかしゅうぞう》「松岡修造《まつおかしゅうぞう》のカッコいい大人《おとな》になるための7つの約束《やくそく》」による〉

(1) ①トライとは、どう する ことですか。

（　　　　）

(2) ②三大ようそとは 何《なん》ですか。三つ 書《か》きなさい。

（　　　　）

（　　　　）

（　　　　）

(3) ③に 入る つなぎ言葉《ことば》を 一つ えらんで、○を つけなさい。

ア（　）けれど　イ（　）さて　ウ（　）たとえば

(4) ④うまく なって やろうと 考《かんが》えるように なるのは なぜですか。

（　　　　）

た、と　しましょう。さいしょは、なかなか　うまく　いきません。エラーは　する、空ぶりは　する、次々《つぎつぎ》と　しっぱいばかりです。くやしい　思《おも》いを　たくさん　して、なんとか　④うまく　なって　やろう、と　考《かんが》えた　きみは、本屋《ほんや》さんに　走《はし》って　野球《やきゅう》の　ぎじゅつ書《しょ》を　読《よ》んだり、テレビに　かじりついて　プロ野球《やきゅう》せん手の　プレイを　かんさつしたり　するでしょう。お父《とう》さん、お兄《にい》さんや　友《とも》だちを　相手《あいて》に、とっくんを　始《はじ》めるかも　しれません。

そう　やって、いろんな　ことを　勉強《べんきょう》し、自《じ》分《ぶん》の　身体《からだ》で　何度《なんど》も　くり返《かえ》し　ためして　いく　うちに、きみは　少《すこ》しずつ　上手《じょうず》に　なって　いきます。とれなかった　ゴロを　とれるように　なり、打《う》てなかった　球《たま》を　打《う》てるように　なる。レギュラーの　九人に　入れなかったのが、入れるように　なる。

⑤そんな　とき、きみは、どんな　気持《きも》ちに　なりますか？　うれしいですよね。気持《きも》ちいいでしょう？　自《じ》分《ぶん》は、やれば　できるんだ、と　ほこらしいので

(5)　⑤そんな　ときとは　どんな　ときですか。一つ　えらんで、○を　つけなさい。

ア（　）うまく　できない　ことを　くり返《かえ》し　練《れん》習《しゅう》して　いる　とき。

イ（　）しっぱいする　ことに　なれて、くやしく　感《かん》じなく　なった　とき。

ウ（　）どカして、できなかった　ことが　できるように　なった　とき。

(6)　⑥自《じ》しんとは、どんな　気持《きも》ちですか。一つ　えらんで、○を　つけなさい。

ア（　）自分《じぶん》より　上手《じょうず》な　人は　いない。

イ（　）自分《じぶん》は　がんばれば　できる。

ウ（　）はじめから　上手《じょうず》に　できる。

(7)　この　文章《ぶんしょう》で　言《い》いたいのは　どんな　ことですか。□に　入る　言葉《ことば》を　書《か》きぬきなさい。

㋐［　　　］する　ことが　㋑［　　　］に　つながると　いう　こと。

6章 せつめい文を 読《よ》む

17 大事《だいじ》な ところを まとめよう

知っトク!ポイント 7ページ

学習した日 月 日

標準レベル

たしかめよう

答え 23ページ

1 次《つぎ》の 文章《ぶんしょう》を 読《よ》んで、問題《もんだい》に 答《こた》えなさい。

一四九二年の 八月三日に、コロンブスが 乗《の》った サンタマリア号《ごう》は、二せきの 船《ふね》と ともに スペインの 小さな 港《みなと》を あとに しました。めざすは、インド。

「大西洋《たいせいよう》を 西《にし》へ すすめば、インドに いきつける はず。インドへの こう路《ろ》を ひらき、とみを もちかえるのだ。」

コロンブスが インドを めざしたのは、黄金《おうごん》や ほう石に も まして、コショウや チョウジと いった、こうりょうを 手に 入れたかったからです。

ヨーロッパでは、肉《にく》や 魚《さかな》の りょう理《り》に、こうりょうが かかせません。でも、アラビアの 商人《しょうにん》を へて はいって くる ①インドの こう

(1) コロンブスが インドを めざしたのは、なぜですか。二つ えらんで、○を つけなさい。

ア（ ）インドこう路《ろ》を ひらきたかったから。

イ（ ）こうりょうを 手に 入れたかったから。

ウ（ ）アラビアの 商人《しょうにん》に 会《あ》いたかったから。

エ（ ）スペイン女王に ほめられたかったから。

!ヒント コロンブスの 言《い》った 言葉《ことば》に 注目《ちゅうもく》する。

(2) ①インドの こうりょうと ありますが、

Ⓐ ヨーロッパでは 何《なに》に 使《つか》われて いましたか。

（　　　　）

Ⓘ コロンブスが、インドから 自分《じぶん》で もちかえりたいと おもったのは、なぜですか。

こうりょうは ㋐（　　　　）なので、㋑（　　　　）から。

りょうは、金《きん》と　おなじくらい　高《こう》かでした。

船《ふね》で　いって、ちょくせつ　はこんで　くれば、ばく大な　りえきが　えられます。コロンブスは、スペイン女王の　えん助《じょ》を　うけ、だれも　いったことの　ない　海《うみ》へ、乗《の》りだして　いきました。

［②］、二か月あまりの　こう海《かい》の　すえ、いまの　③西《にし》インドしょ島《とう》に　たどりつきました。アジアの　インドとは、まったく　かんけいの　ない　バハマしょ島《とう》の　いったいを、なぜ　「西《にし》インドしょ島《とう》」と　いうのか。コロンブスは、ぜんぶで　四回《よんかい》の　こう海《かい》を　しますが、さいごまで、ここが　インドの　西《にし》の　島《しま》じまだと　おもって　いたからです。

一回《いっかい》めの　④こう海《かい》から　かえった　コロンブスは、大かんげいを　うけ、「新大《しんたい》りく」の　ふく王に　とりたてられ、金銀《きんぎん》、ほう石、こうりょうなどから　あがる　りえきの　十分《じゅうぶん》の　一を、もらう　ことに　なりました。

〈木暮正夫《こぐれまさお》「こころにピカッと　語源《ごげん》の話《はなし》」による〉

(3)　［②］に　入る　つなぎ言葉《ことば》を　一つ　えらんで、○を　つけなさい。

ア（　）そして
イ（　）けれども
ウ（　）ところで

(4)　③西《にし》インドしょ島《とう》と　ありますが、インドとは　かんけいが　ないのに　「西《にし》インドしょ島《とう》」と　いうように　なったのは、なぜですか。

（　　　　　　　　）

ヒント　理由《りゆう》を　表《あらわ》す　「……から」と　いう　言葉《ことば》に　注目《ちゅうもく》。

(5)　④こう海《かい》から　かえった　コロンブスが　もらえる　ことに　なったのは、どんな　ものですか。

（あ）（　　　　　　）から　もちかえった、（い）（　　　　　　）。

ハイレベル ふかめよう

1 次《つぎ》の 文章《ぶんしょう》を 読《よ》んで、問題《もんだい》に 答《こた》えなさい。 答え 23ページ

両親《りょうしん》で たまごの せわを して いた ①エンゼルフィッシュの 場合《ばあい》、一回《いっかい》に うむ たまごは 五〇〇～一五〇〇こぐらいです。そして、口の 中で たまごを かえし、子育《こそだ》てまで する エジプシャンマウスブルーダーは ②三〇～五〇こと、さらに すくなく なります。マンボウや イワシと くらべると、ずいぶん すくない 数《かず》です。食《た》べられないで すむ ぶん、メスは、たまごを つくる ことに エネルギーを つかわなくて すみます。

さいしょ、わたしは、たまごを 何《なに》かに うみつけて、ペアで 守《まも》る エンゼルフィッシュの 子育《こそだ》ての 方《ほう》ほうを 見て、かんせいされた すばらしい 方《ほう》ほうだと 思《おも》いました。

しかし、③問題《もんだい》は のこります。じぶんより 強《つよ》い 相手《あいて》に ねらわれたら 親《おや》は にげるしか ありませんし、すばしっこい 相手《あいて》だったら、た

守《まも》る 魚《さかな》への 道《みち》を あゆんで きたのだよ！」と、おしえて くれて いるように 思《おも》えました。

〈桜井淳史《さくらいあつし》「ゆりかごは口の中」による〉

(1) ①エンゼルフィッシュは、どんな 方《ほう》ほうで たまごを 守《まも》りますか。

（　　　　　）

(2) ②マンボウや イワシと くらべると、ずいぶん すくないと ありますが、マンボウや イワシが、エジプシャンマウスブルーダーに くらべて たまごを たくさん うまなければ ならないのは、なぜですか。

（　　　　　）

(3) ③問題《もんだい》に 当てはまらない ものを 一つ えらんで、○を つけなさい。

ア（　）たまごを つくる ために たくさんの エネルギーを つかう こと。

イ（　）強《つよ》い 相手《あいて》や すばしっこい 相手《あいて》からは たまごを 守《まも》りきれない こと。

まごを　守《まも》りきれない　ことも　あります。また、夜《よる》、ねて　いる　あいだに、夜行《やこう》せいの　ナマズや　エビなどに　食《た》べられて　しまう　ことも　あるでしょう。

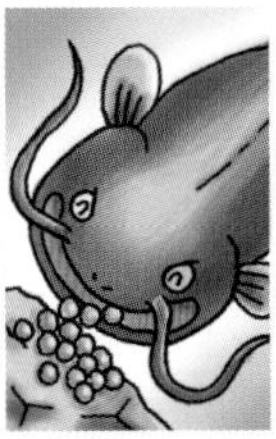

「だから、たまごを　うむと　すぐに　口の　中に　かくして　しまって、子育《こそだ》てまで　して　しまう　魚《さかな》が　あらわれたんだ！」

これこそ　④きゅうきょくの　子育《こそだ》て、いちばん進化《しんか》した　方《ほう》ほうだと　思《おも》いました。

⑤、その　方《ほう》ほうが　よいと　わかっても、すぐに　かえる　ことは　できません。何世《なんせ》代《だい》も　代《だい》を　かさね、気の　遠《とお》く　なるような時間《じかん》を　かけて　かくとくして　いくのです。

だと　すれば、エンゼルフィッシュのように、何《なに》かに　たまごを　うみつけて、ペアで　守《まも》る魚《さかな》から、さらに、口の　中に　いれて　守《まも》る　魚《さかな》へと　かわる　とちゅうの　タイプの　魚《さかな》が　いても　いい　はずです。

そう　思《おも》って、調《しら》べて　みると、⑥やはり　いました。その　魚《さかな》たちは、わたしに、

「こう　やって、たまごを　口の　中に　いれて

ウ（　）夜《よる》、ねて　いる　あいだに、たまごを　食《た》べられて　しまう　ことが　ある　こと。

(4)　④きゅうきょくの　子育《こそだ》てと　ありますが、

あ　どんな　方《ほう》ほうですか。

（　　　　　　　　）

い　この　方《ほう》ほうで　子育《こそだ》てを　する　魚《さかな》と　して、何《なに》が　あげられて　いますか。

（　　　　　　　　）

(5)　⑤に　入る　つなぎ言葉《ことば》を　一つ　えらんで、○を　つけなさい。

ア（　）また　イ（　）だから　ウ（　）でも

(6)　⑥やはり　いましたと　ありますが、何《なに》が　いたのですか。

（　　　　　　　　）

(7)　何《なに》に　ついて　書《か》かれた　文章《ぶんしょう》ですか。一つ　えらんで、○を　つけなさい。

ア（　）魚《さかな》の　子育《こそだ》て　イ（　）魚《さかな》の　両親《りょうしん》

ウ（　）魚《さかな》の　たまご

チャレンジテスト　6章　せつめい文を　読《よ》む

学習した日　月　日

1 次《つぎ》の　文章《ぶんしょう》を　読《よ》んで、問題《もんだい》に　答《こた》えなさい。

しょ夏《か》から　夏《なつ》に　かけて、サンショウの　木の　えだで、アゲハチョウの　羽化《うか》が　はじまって　います。

①この　時期《じき》の　さなぎは、春《はる》に　たまごから生まれた　よう虫が　せい長《ちょう》した　ものです。チョウの　よう虫の　すがたは、せい虫の　すがたとは　まったく　ちがい、そのままでは　せい虫に　なれません。さなぎに　なるのは、よう虫の　からだを　せい虫の　からだに　つくりかえる　ためです。さなぎの　中で　せい虫の　からだが　できあがると、皮《かわ》を　やぶって、せい虫が　でて　きます。

②その　とき、羽《はね》の　ようすを　よく　見て　ください。ちぢれて　います。アゲハチョウは、せまい　さなぎの　中で、おり紙《がみ》のように　たたんだ　羽《はね》を　つくって　いたのです。

←

(1) ①この　時期《じき》の　さなぎと　ありますが、　一つ10〔20点〕

あ　いつの　さなぎですか。

（　　　　）

い　さなぎに　なるのは　どう　する　ためですか。

（　　　　）

(2) ②その　ときと　ありますが、　一つ10〔20点〕

あ　どんな　ときですか。

（　　　　）

い　その　ときの　羽《はね》は　どう　なって　いますか。

（　　　　）

(3) ③おりたたんだ　ままの　羽《はね》を　何《なに》に　たとえて　いますか。　〔10点〕

（　　　　）

大きな　羽《はね》を、アゲハチョウは　さなぎの　中で、どう　やって　おりたたんだのでしょう。おりたたんだのでは　ありません。アゲハチョウは　③おりたたんだ　ままの　羽《はね》を　つくったのです。平《たい》らな　紙《かみ》を、おったり、くしゃくしゃに　した　あとで、のばして　ひろげる　ことは　かんたんです。④、はじめから　おりたたんだ　紙《かみ》を　つくる　ことは　できません。

ところが　⑤アゲハチョウは、それを　やって　のけて　いるのです。きっと　アゲハチョウは、ふしぎな　おり紙《がみ》の　せっ計図《けいず》を　もって　いるのでしょう。

⑥羽化《うか》した　せい虫は、ちかくの　えだに　つかまり、細《ほそ》い　羽《はね》の　みゃくに　体《たい》えきを　流《なが》しこみ、その　あつ力で　じょじょに　羽《はね》を　のばします。のびきると、羽《はね》を　ひろげて、かわかします。

すっかり　羽《はね》が　かわくと、せい虫は、ゆっくり　羽《はね》を　はばたかせてから、ひらひらっと　空に　まいあがります。

〈七尾《ななお》純《じゅん》「カブトムシはなぜ飛《と》べる」による〉

(4)　④に　入る　つなぎ言葉《ことば》を　一つ　えらんで、○を　つけなさい。〔10点〕

ア（　）しかし　イ（　）それで　ウ（　）または

(5)　⑤アゲハチョウは、それを　やって　のけて　いると　ありますが、どんな　ことを　やって　のけて　いると　いうのですか。〔10点〕

（　　　　）

(6)　⑥羽化《うか》した　せい虫は、どのように　して　羽《はね》を　のばしますか。正しい　じゅんに　なるように、（　）に　番号《ばんごう》を　書《か》きなさい。完答《かんとう》〔15点〕

あ（　）体《たい》えきの　あつ力で、羽《はね》を　のばす。

い（　）羽《はね》が　のびたら、ひろげて　かわかす。

う（　）羽《はね》の　みゃくに　体《たい》えきを　流《なが》しこむ。

(7)　この　文章《ぶんしょう》に　題名《だいめい》を　つけると　したら、どん　な　ものに　なりますか。□に　入る　言葉《ことば》を　書《か》きぬきなさい。完答《かんとう》〔15点〕

あ□□□□□□　の　い□□

18 7章 長《なが》い 文章《ぶんしょう》を 読《よ》む

物語文《ものがたりぶん》の カギを 手に 入れよう

学習した日　月　日

標準レベル　答え 25ページ

1 つかまえた 子カワウソが 死《し》んだ ふりを して いた のを 見て、ふたりの かりゅうどが 話《はなし》を して いる 場面《ばめん》です。読《よ》んで、問題《もんだい》に 答《こた》えなさい。

「ふふむ。なかなか、うまく やりおる。」

こう いって、かおを みあわせて わらった ときです。

「①あ!」ふたりの かりゅうどは、どうじに さけびました。

ばしっ! と、水けむりが たちました。

＊おいた カワウソが、ふたりの 人間《にんげん》の まんなかに とびこんで きたのでした。そして、いきなり 子カワウソの くびねっこを くわえて はねあがりました。が、ひとはねでは ふちの なかに とびこめませんでした。おいた カワウ

ソは、ちょっと しゃがんで ②すなの 上に ちょっと しゃがんでと ありますが、…

さそうな 大きな こえで わらうのでした。

＊おいた…年を とった。　＊せがれ…むすこ。

〈椋鳩十《むくはとじゅう》「きんいろの川」による〉

(1) ①あ!と ありますが、ふたりは 何《なに》を 見て、こう 言《い》ったのですか。

（　　　　　　　　　　）

(2) ②すなの 上に ちょっと しゃがんでと ありますが、この ときの おいた カワウソの 気持《きも》ちを 一つ えらんで、○を つけなさい。

ア（　）子カワウソを 助《たす》ける ことが できて、安心《あんしん》して いる。

イ（　）子カワウソを ぜったいに わたすものかと おこって いる。

ウ（　）かりゅうどに つれて いかれるかも しれないと おびえて いる。

ソは②すなの 上に ちょっと しゃがんで、子カワウソを くわえた まま、らんらんと ひかる 目で かりゅうどを にらみすえました。

その しゅんかん、ひとりの かりゅうどは じゅうの ねらいを ぴったり つけて、ひきがねに ゆびを かけました。が、その かたを、もう ひとりの かりゅうどは③ぐいと ひきもどしました。

ど、ど、どん。

その はずみで、じゅうは おもわぬ ほうに ねじむけられて、発《はっ》しゃされました。

じゃぼぉん。

おいた カワウソは 水おと たかく、ふちの なかに とびこんで しまいました。

「きょうは、わしの *せがれの たんじょう日だでな、どうも、あんな、たいしたやつを、あんな④ゆうかんな やつを、ころしとう なく なったのでな……。」

と、その かりゅうどは いいました。

「えい、おしい ことを したわい。わっ、はっはあ……。」

と、⑤もう ひとりの かりゅうどは ひとの よ

(3) かりゅうどが③ぐいと ひきもどしたのは、なぜですか。一つ えらんで、◯を つけなさい。

ア( )きょうは むすこの たんじょう日なので、早く 家《いえ》に 帰《かえ》りたかったから。

イ( )もう ひとりの かりゅうどに カワウソを とられるのが いやだったから。

ウ( )自分《じぶん》も 親《おや》なので、子を 守《まも》ろうと する カワウソの 気持《きも》ちが わかったから。

ヒント あとの かりゅうどの 言葉《ことば》に 注目《ちゅうもく》する。

(4) だれの どんな ところが④ゆうかんなのですか。

（　　　　　　　　）ところ。

(5)⑤もう ひとりの かりゅうどの 気持《きも》ちを 一つ えらんで、◯を つけなさい。

ア( )じゃまを されて くやしい。

イ( )カワウソが 助《たす》かって うれしい。

ウ( )ざんねんだけれど、しかたない。

ヒント 「おしい ことを した」と 言《い》いつつも、わらって いる。

ハイレベル

答え 25ページ

ふかめよう

1 未央《みお》は、しゅうりに 出した かさが 返《かえ》って くるまで、しゅうり屋《や》さんが かして くれた かさを 使《つか》う ことに なりました。それは、ふつうの 青い かさでした。読《よ》んで、問題《もんだい》に 答《こた》えなさい。

ふと 気が つくと、マミちゃんの 家《いえ》の まえまで 来て しまって いました。頭《あたま》から すっぽりと ピンク色《いろ》の レインコートを きて、にわに いる、マミちゃんが 見えました。

①(わ、しまった!)

未央《みお》は、あわてて かさで 顔《かお》を かくしました。

雨は、もう ほとんど やんで いますが、かさを とじる わけには いきません。

②かさに かくれた まま、あとずさりを して、くるっと まわって、走《はし》ろうと した とき——

③「あれ、未央《みお》ちゃん?」

(1) ①(わ、しまった!)/未央《みお》は、あわてて かさで 顔《かお》を かくしました。に ついて 答《こた》えなさい。

あ この ときの 未央《みお》は、どんな 気持《きも》ちですか。一つ えらんで、○を つけなさい。

ア( )マミちゃんを おどろかせたいと 思《おも》って いる。

イ( )遠《とお》くまで 来《き》て しまった ことに あせって いる。

ウ( )マミちゃんに 会《あ》いたく ないと 思《おも》って いる。

い あのような 気持《きも》ちだったのは、なぜですか。

(　　　)

(2) ②かさに かくれた まま、あとずさりを して、くるっと まわって、走《はし》ろうと したと ありますが、未央《みお》は どう しようと 思《おも》ったのですか。

(　　　)

学習した日　月　日

マミちゃんの　声《こえ》が　きこえました。

未央《みお》は、とまった　まま　動《うご》けなく　なって　しまいました。

（どう　しよう。このまま　にげちゃおうかな……）

でも、声《こえ》を　かけて　もらって、じつは　ちょっと　うれしい　気も　しました。

「未央《みお》ちゃんでしょ？」

マミちゃんの　声《こえ》が　近《ちか》づいて　きます。

「う、うん。ぐうぜん　通《とお》りかかったんだけど……」

かさの　うしろに　かくれた　まま、［④］と、未央《みお》は　やっと　それだけ　いえました。

「それ、おもしろい　絵《え》の　かさだね！」

マミちゃんの　声《こえ》は　明《あか》るくて、きのう　ケンカした　ことなど、すっかり　わすれて　いるようです。

「えっ？」

未央《みお》は　あわてて　自分《じぶん》の　かさを　おろし、⑤外《そと》がわを　見て、びっくりしました。

---

(3)　③あれ、未央《みお》ちゃん？と　ありますが、こう　言《い》われた　ときの　未央《みお》は　どんな　気持《きも》ちでしたか。当てはまらない　ものを　一つ　えらんで、○を　つけなさい。

ア（　）マミちゃんに　見つかって　しまい、こまって　いる。

イ（　）マミちゃんに　おこられるのでは　ないかと　心配《しんぱい》して　いる。

ウ（　）マミちゃんが　声《こえ》を　かけて　くれて、よろこんで　いる。

(4)　［④］に　入る　言葉《ことば》を　一つ　えらんで、○を　つけなさい。

ア（　）もごもご　　イ（　）すらすら

ウ（　）はきはき

(5)　⑤外《そと》がわを　見て、びっくりしましたと　ありますが、それは　なぜですか。

⑥おこった顔《かお》、ほおを　ふくらませた　顔《かお》、⑦ニコニコした　顔《かお》、大わらいして　いる　顔《かお》など、いろんな　顔《かお》の　絵《え》が、たくさん　ついて　いるのです。

「えーっ？　さっきまで、こんな　絵《え》も　色《いろ》も、ついて　いなかったんだよ。ほんとだよ。うそじゃないよ」

未央《みお》は　あせりました。

「へえ、じゃあ、まほうだったりして！」

マミちゃんは、とても　楽《たの》しそうです。

未央《みお》は　うれしく　なって、うなずきました。

「うん、まほうかも！」

「ほら、この　まんまるの　顔《かお》、わたしに　ちょっと　にて　ない？　こっちの　ニコニコ顔《がお》は、未《み》央《お》ちゃんみたい」

そう　いえば、本当《ほんとう》に　ふたりに　よく　にて　います。

「うん！　こっちの　おこった　顔《かお》は、田中《たなか》先生だ！」

と　いうと、マミちゃんは　ゲラゲラ　わらいました。

(6)　⑥おこった　顔《かお》、⑦ニコニコした　顔《かお》と　ありますが、それぞれ　だれに　にて　いましたか。

⑥（　　　　　）

⑦（　　　　　）

(7)　マミちゃんは、未央《みお》の　かさを　見て、どんな　気持《きも》ちに　なりましたか。「まほう」と　いう　言葉《ことば》を　使《つか》って　書《か》きなさい。

（　　　　　）

(8)　⑧あのね、きのうの　こと……と　ありますが、未《み》央《お》が　この　あとに　言《い》いたかった　言葉《ことば》を、文章《ぶんしょう》中《ちゅう》から　書《か》きぬきなさい。

（　　　　　）

(9)　⑨ことばに　つまってと　同《おな》じ　ことを　表《あらわ》して　いる　言葉《ことば》を　書《か》きぬきなさい。

（　　　　　）

ふたりで　大わらいを　した　あと、未央《みお》は　おずおずと、

「⑧あのね、きのうの　こと……」と　いってから、⑨ことばに　つまって　しまいました。

「ごめんね」が、のどの　おくに　ひっかかって、なかなか　出て　きません。

すると、マミちゃんが

「未央《みお》ちゃん、きのう　ごめん」

と、先に　あやまって　くれました。

⑩未央《みお》は、ごくりと　つばを　のみこみました。

「こ、こっちこそ、ごめん！」

やっと、いえました。

「じゃ、なかなおりだね。あそぼ！」

それから　ふたりは、マミちゃんの　家《いえ》の　にわで、カタツムリを　さがしたり、カエルを　おいかけたり　して、あそびました。

〈佐藤《さとう》まどか「日がさ　雨がさ　くもりがさ」による〉

(10)　⑩未央《みお》は、ごくりと　つばを　のみこみました。と　ありますが、この　ときの　未央《みお》は、どんな　気持《きも》ちですか。

（　　　　　　　　　　）ので、（　　　　　　　　　　）。

(11)　この　文章《ぶんしょう》には　どんな　場面《ばめん》が　えがかれて　いますか。一つ　えらんで、◯を　つけなさい。

ア（　）未央《みお》が　ふしぎな　かさの　力を　かりる　ことで、マミちゃんと　なかなおりする　場面《ばめん》。

イ（　）未央《みお》と　マミちゃんが、自分《じぶん》たちの　思《おも》いちがいに　気づいて、なかなおりを　する　場面《ばめん》。

ウ（　）未央《みお》と　マミちゃんが、ふしぎな　かさを　きっかけに　して、なかなおりを　する　場面《ばめん》。

7章 長《なが》い 文章《ぶんしょう》を 読《よ》む

19 せつめい文の カギを 手に 入れよう

標準 レベル　たしかめよう　答え 26ページ

1 次《つぎ》の 文章《ぶんしょう》を 読《よ》んで、問題《もんだい》に 答《こた》えなさい。

[1] 全国各地《ぜんこくかくち》で へって いる ウナギを、すぐに 昔《むかし》の 状態《じょうたい》に もどす ことは むずかしいだろう。ウナギの 生態《せいたい》に ついても、わかって いない ことが 多《おお》い。しかし、①ウナギが くらす 環境《かんきょう》を 少《すこ》しずつでも よくして いく 努力《どりょく》は ぜったいに 必要《ひつよう》だ。

[2] コンクリート護岸《ごがん》は、洪水《こうずい》などから 人の 命《いのち》や 生活《せいかつ》を 守《まも》る とても 大切《たいせつ》な ものだ。けれど、川岸《かわぎし》の 一部《いちぶ》だけでも 石や 岩《いわ》などを のこし、生きものが かくれる 場所《ばしょ》を つくる ことは できないだろうか。川は 人だけの ものでは ないのだから。

づける ことが 大事《だいじ》だと、ぼくは 思《おも》って いる。

〈内山《うちやま》りゅう「ウナギのいる川 いない川」による〉

(1) ①ウナギが くらす 環境《かんきょう》を 少《すこ》しずつでも よくして いく 努力《どりょく》は ぜったいに 必要《ひつよう》だと ありますが、それは なぜですか。

ウナギを守《まも》ることは、その 餌《えさ》の（　　　）や 水に くらす（　　　）も 守《まも》る ことに なるから。

(2) [②] に 入る つなぎ言葉《ことば》を 一つ えらんで、○を つけなさい。

ア（　）しかし　イ（　）また　ウ（　）そこで

!ヒント [4]に 書《か》かれて いる ことを 読《よ》み取《と》る。

(3) ③川に たくさんの 土砂《どしゃ》が 流《なが》れこむと、どう なりますか。

学習した日　月　日

[3] [②]、山を 切《き》りひらくと ③川に たくさんの 土砂《どしゃ》が 流《なが》れこむ。土砂《どしゃ》が 川に 流《なが》れこむと、石の あいだなどを 埋《う》めて しまうので、生きものたちの かくれる すき間《ま》を うばって しまう。かつては あちこちの 川に あった ふかくて 大きな 淵《ふち》も、土砂《どしゃ》で 埋《う》まり、あさく なって いる。川に とって もっとも 大《たい》切《せつ》な ④源流《げんりゅう》の 森の 木を 切《き》って しまう ことは、水の 循環《じゅんかん》が うまく いかなく なる ことに つながり、川の 水は へって、水質《すいしつ》も 悪化《あっか》する。山を 自然林《しぜんりん》（その 地域《ちいき》に もともと 生えて いた 木の 林）に もどして いく 努力《どりょく》が 必要《ひつよう》だ。

[4] ウナギを 守《まも》ると いう ことは、その 餌《えさ》と なる 小魚《こざかな》や 水に くらす さまざまな 生きものたちも 守《まも》ると いう こと。それは 日本の 川を、小川を、河口《かこう》を、かつてのような すがたに 近《ちか》づけて いく ことだと 思《おも》う。たくさんの 生きものが くらせる 川に もどす 努力《どりょく》を つづける こと、その 意識《いしき》を もちつ

・石の あいだなどが 埋《う》まって、
（　　）。
・ふかくて 大きな 淵《ふち》も 埋《う》まって、
（　　）。

(4) ④源流《げんりゅう》の 森の 木を 切《き》って しまうのでは なく、どう する ことが 必要《ひつよう》なのですか。
山を （　　） に もどす こと。

(5) この 文章《ぶんしょう》で 筆者《ひっしゃ》が もっとも つたえたい ことを 一つ えらんで、○を つけなさい。
ア（　）川の 水を きれいに して、ウナギの 数《かず》を 今《いま》より もっと ふやそう。

イ（　）ウナギが くらせるように、川岸《かわぎし》を コンクリートで おおうのは やめよう。

ウ（　）たくさんの 生きものが くらせる 川に もどす 努力《どりょく》を つづけよう。

ヒント この 文章《ぶんしょう》の 要旨《ようし》は、[4]に 書《か》かれて いる。

ハイレベル ふかめよう

答え 27ページ

1 次《つぎ》の 文章《ぶんしょう》を 読《よ》んで、問題《もんだい》に 答《こた》えなさい。

動物《どうぶつ》には、カエルや イモリなどの 両生《りょうせい》るい、ヘビや カメなどの ハ虫るいのように、まわりの 温度《おんど》の へん化《か》で、体温《たいおん》も かわるものが います。①へん温動物《おんどうぶつ》です。へん温動物《おんどうぶつ》は、気温《きおん》が 下がる 冬《ふゆ》には 動《うご》けなく なって しまいます。そこで、温度《おんど》へん化《か》の すくない 場《ば》所《しょ》で、わずかな こきゅうや 心《しん》ぞうの 動《うご》きだけで、死《し》んだように 冬《とう》みんします。

鳥《ちょう》るいは からだを 羽毛《うもう》で つつみ、自分《じぶん》で体温《たいおん》を 一定《いってい》に たもてる こう温動物《おんどうぶつ》です。しかし、とぶ 生活《せいかつ》を する ため、多《おお》くの エネルギーを つかい、したがって 食《た》べ物《もの》も ②たくさん ひつようです。でも 冬《ふゆ》は 食《た》べ物《もの》が すくないので、ある しゅの 鳥《とり》は、食《た》べ物《もの》の 多《おお》い 南《みなみ》の 国《くに》へ わたって いきます。

めに、エネルギーを せつやくして いるのでしょう。しずかに ねむって、冬《とう》みん前《まえ》に 体内《たいない》に たくわえた えいようを すこしずつ つかいます。

〈西村豊《にしむらゆたか》「ヤマネのくらし」による〉

(1) ①へん温動物《おんどうぶつ》と ありますが、

㋐ どんな せいしつを もつ 動物《どうぶつ》ですか。

（　　　　）

㋑ 冬《ふゆ》は どこで、どのように すごしますか。

（　　　　）

㋒ ㋐と 反対《はんたい》の せいしつを もつ 動物《どうぶつ》を、何《なん》と いいますか。

（　　　　）

(2) 鳥《ちょう》るいが 食《た》べ物《もの》を ②たくさん ひつようと するのは、なぜですか。

（　　　　）

学習した日　月　日

ほにゅうるいも、体温《たいおん》を 一定《いってい》に たもてる こう温動物《おんどうぶつ》です。③、ほにゅうるいの なかにも 冬《とう》みんする ものが います。日本の ほにゅうるいで 冬《とう》みんする ものは、大きく ④二つの タイプに わけられます。

ひとつは、ヤマネ、コウモリ、シマリスがた。これらは ほにゅうるいなのに、寒《さむ》く なると 体温《たいおん》が 下がって しまい、冬《ふゆ》の あいだは ぐっすり ねむって、かんたんに めざめません。こきゅうや みゃくは すくなく なります。

いっぽう クマがたでは、体温《たいおん》は ほとんど かわらず、うとうとして いるだけです。しげきを あたえると、すぐに 活動《かつどう》する ことが できます。

ほにゅうるいも 体温《たいおん》を 一定《いってい》に たもつには、エネルギー、つまり 食《た》べ物《もの》が ひつようです。冬《とう》みんする ほにゅうるいは、寒《さむ》さの ために からだの はたらきが ともなわないだけでなく、食《た》べ物《もの》の とぼしい 冬《ふゆ》を のりきる た

(3) ③に 入る つなぎ言葉《ことば》を 一つ えらんで、○を つけなさい。

ア（　）ところが　イ（　）それで　ウ（　）さて

(4) ④二つの タイプと ありますが、次《つぎ》の うち、ヤマネ、コウモリ、シマリスがたの せつめいには ○を、クマがたの せつめいには △を 書《か》きなさい。

あ（　）寒《さむ》くても 体温《たいおん》は ほとんど かわらない。

い（　）冬《とう》みんすると かんたんには 起《お》きない。

う（　）冬《とう》みん中は みゃくはくが すくない。

(5) ほにゅうるいが 冬《とう》みんする 理由《りゆう》を、二つ 書《か》きなさい。

（　　　　　　　　　　）

（　　　　　　　　　　）

(6) この 文章《ぶんしょう》は 何《なに》に ついて のべた ものですか。一つ えらんで、○を つけなさい。

ア（　）へん温動物《おんどうぶつ》と こう温動物《おんどうぶつ》の 冬《とう》みん。

イ（　）冬《とう》みん中の 動物《どうぶつ》の エネルギー。

ウ（　）人間《にんげん》が 冬《とう》みんせずに すむ 理由《りゆう》。

チャレンジテスト　7章　長《なが》い　文章《ぶんしょう》を　読《よ》む　（物語文《ものがたりぶん》）

時間 30分　得点　点　答え 28ページ

1 次《つぎ》の　文章《ぶんしょう》は、みんなに　話《はな》しかけても　こわがられ　にげられて　しまい、ないて　いる　ライオンの　話《はなし》です。読《よ》んで、問題《もんだい》に　答《こた》えなさい。

（そうだ、きっと　むだなんだ。あの　しま馬《うま》に　あいさつしようと　しても、きっと　むだなんだ。……①あきらめて　かえろう。）

——ライオンが　ぬれそぼった　たてがみを　かき上げて　立ち上がると……これは　これは！　その　しま馬《うま》が　目の　前《まえ》に　立って　いる。

（あらら？　さっきの　しま馬《うま》！　自分《じぶん》から　よって　くるなんて……こんなの　はじめてだ。）

——ライオンは、どぎまぎして、あいさつした。

②「こ、こんにちは。」

「やあ、こんにちは、ライオン。」

しま馬《うま》は　わかく、しましまの　形《かたち》も　きれいだった。しま馬《うま》が

←

(1)　ライオンは　どんな　ことを　①あきらめて　かえろうと　したのですか。〔8点〕

(2)　②こ、こんにちは。と　言《い》った　とき、ライオンが　どぎまぎしたのは、なぜですか。一つ　えらんで、○を　つけなさい。〔7点〕

ア（　）目の　前《まえ》で　見たら、思《おも》って　いたよりも　しま馬《うま》が　わかくて　きれいだったから。

イ（　）話《はな》など　できないと　思《おも》った　しま馬《うま》が、自分《じぶん》の　ほうから　近《ちか》よって　きたから。

ウ（　）しま馬《うま》が　ライオンの　顔《かお》を　じっと　見つめて　いて、はずかしかったから。

(3)　③うん、とても　美《うつく》しい。ここから　見るのが、いちばん　美《うつく》しいんだよ。と　いう　しま馬《うま》の　言葉《ことば》を　聞《き》いて、ライオンは　どんな　気持《きも》ちに　なりましたか。〔8点〕

いつまでも、じいっと　のぞきこんで　いるので、ライオンは　ますます　どぎまぎして　いった。

「えーと……あのお……夕やけ、美《うつく》しいね。」

「③うん、とても　美《うつく》しい。ここから　見るのが、いちばん　美《うつく》しいんだよ。」

ライオンは、しま馬《うま》が　自分《じぶん》の　倍《ばい》も　返事《へんじ》して　くれたので　ひげが　ふるえるほど　うれしく　なり、かけよろうと　した。

（いや　まてよ。近《ちか》よった　とたんに　『キャーッ』と　にげだすと　かなしいから、もう　すこし　④ようすを　見よう。）

「あのう……きみ、夕やけの　話《はなし》や　なんか、すきかい？」

「すきともさ。花の　話《はなし》なんかもね。」

（すてき　すてき。）

――ライオンは　むねが　はりさけそうに　なったが、⑤気を　しずめて、もう　いちど　きいた。

「ね、なんで　ひとりぼっちなんだい？」

「うん。なんて　いうか……すきなんだ。ひとり

(4)　④ようすを　見ようと　ありますが、
あ　「ようすを　見る」とは、どう　する　ことですか。一つ　えらんで、○を　つけなさい。〔7点〕

ア（　）しま馬《うま》に　近《ちか》よって、話《はなし》を　する　こと。

イ（　）しま馬《うま》の　顔《かお》を　じっくり　見る　こと。

ウ（　）しま馬《うま》に　近《ちか》よらずに、話《はなし》を　する　こと。

い　ライオンが　ようすを　見ようと　思《おも》ったのは、なぜですか。〔8点〕

(5)　⑤気を　しずめてと　ありますが、ライオンが　おさえようと　して　いるのは　どんな　気持《きも》ちですか。一つ　えらんで、○を　つけなさい。〔7点〕
ア（　）よろこび
イ（　）かなしみ
ウ（　）いかり

ぼっちが。……それより、きみこそ、なんで ひとりぼっちなの。」

もう ライオンは こらえきれなかった。こんなに ちゃんと 返事《へんじ》して くれるなんて！ そして、こんなに ライオンの ことを きいて くれるなんて！――ヴァオと さけんで、そばに かけより「きいて くれよなあ しま馬《うま》！」と いって ⑥話《はな》しはじめた。

「ふうん。さびしかったんだね、ライオン。」

「ああ、さびしかった。……長《なが》かったんだ。ひとりぼっちが、とても 長《なが》かったんだ。」

「ふうん。長《なが》かったんか……。さびしかったろうね。」

日は すっかり しずみ、東《ひがし》の 空に 月が のぼりはじめて いた。

「さ、もう しょぼくれちゃ だめだよ。たてがみも きれいに とかしてさ。――これから おれが ついて いるよ ライオン。」

「⑦え？ なんだって？」

「おれが ついてるって。」

---

(6) ライオンが ⑥話《はな》しはじめたのは、どんな ことですか。〔8点〕

（　　　　　　　　　　　　）

(7) ライオンの 話《はなし》を きいて いる しま馬《うま》の 様《よう》子《す》を 一つ えらんで、○を つけなさい。〔7点〕

ア（　）びくびくと こわがりながら、しかたなく ライオンの 話《はなし》を きいて いる。

イ（　）ライオンの 話《はなし》に きょうみを もって、じっくりと きいて いる。

ウ（　）その 場《ば》に いるだけで、あまり じっくりと きいて いない。

(8) ライオンが ⑦え？ なんだって？と おどろいたのは、なぜですか。〔8点〕

（　　　　　　　　　　　　）

(9) ⑧ぼくも、きみと 同《おな》じとは、どんな ところが 同《おな》じなのですか。二つ えらんで、○を つけなさい。〔一つ8〔16点〕〕

「だって……あ、あの、きみには　家族《かぞく》が、いや　すきこい人が……そ、それに、ひとりぼっちが
だって……あ、あの……。」
「あのね　ライオン。」
しま馬《うま》は、やさしい　大きな　目で　ライオンを　見ながら　いった。

「⑧ぼくも、きみと　同《おな》じさ。風《かぜ》の　ふきぐあいや、かけっこの　スタイルに　ついて、何日《なんにち》でも　話《はな》し合《あ》える　相手《あいて》が　ほしかった。でも、みんないそがしがって　相手《あいて》に　して　くれないのさ。」

しま馬《うま》は、どんと　ライオンの　かたを　たたいた。

「な？　だのに　いま、きみと　わかれたら　どうするのさ。きっと、⑨きみみたいに　さびしい　目を　した　しま馬《うま》に　なるよ。」

「じ、じゃ　おれたち、これから　⑩　なんだね、しま馬《うま》。」

「そうともさ。ずっと　ずっと　友《とも》だちさ。」

〈工藤直子《くどうなおこ》「夕日の中を走《はし》るライオン」による〉

・・・

ア（　）話《はな》し合《あ》える　相手《あいて》が　いなかった　ところ。

イ（　）風《かぜ》の　ふきぐあいに　ついて、とても　気に　なって　いた　ところ。

ウ（　）いろんな　ことを　話《はな》し合《あ》える　相手《あいて》を　ほしがって　いた　ところ。

エ（　）かけっこを　する　相手《あいて》を　ほしがって　いた　ところ。

オ（　）ずっと　さびしい　目を　して　いた　ところ。

(10) ⑨きみみたいに　さびしい　目を　した　しま馬《うま》に　なるとは、どういう　気持《きも》ちに　なると　いう　ことですか。〔8点〕

（　　　　　　　　）

(11) ⑩　に　入る　言葉《ことば》を　書《か》きぬきなさい。〔8点〕

（　　　　　　　　）

チャレンジテスト　7章　長《なが》い　文章《ぶんしょう》を　読《よ》む（せつめい文）

時間　30分　得点　点　答え　29ページ

1 次《つぎ》の　文章《ぶんしょう》を　読《よ》んで、問題《もんだい》に　答《こた》えなさい。

[1] 二〇一一年六月。近《ちか》くの　公園《こうえん》の　森で、真《ま》っ赤《か》な　きのこ、①タマゴタケを　見つけました。大きな　傘《かさ》を　広《ひろ》げて　いましたが、なかには　ひっくり返《かえ》って　ボロボロに　なって　いる　タマゴタケも　ありました。近寄《ちかよ》って　みると、②たくさんの　トビムシや　さまざまな　生きものが　集《あつ》まって　いました。

[2] タマゴタケは　食《た》べられる　キノコです。でも、人が　料理《りょうり》して　おいしく　食《た》べる　ことが　できるのは、新鮮《しんせん》な　タマゴタケです。③日にちが　たって　ボロボロに　くずれて　しまっては、もう　食《た》べる　ことが　できません。

[3] それでも　小さな　生きものたちが　夢中《むちゅう》に

(1) ①タマゴタケとは、どんな　キノコですか。　一つ5〔15点〕

（　　　　）傘《かさ》を　もった、（　　　　）な　キノコで、（　　　　）な

うちは　人も　食《た》べる　ことが　できる。

(2) ②たくさんの　トビムシや　さまざまな　生きものが　集《あつ》まって　いましたと　ありますが、たくさんの　生きものが、集《あつ》まって　タマゴタケを　食《た》べる　様子《ようす》を　何《なに》に　たとえて　いますか。五字で　書《か》きぬきなさい。　〔5点〕

□□□□□

(3) ③日にちが　たって　ボロボロに　くずれて　しまっては、もう　食《た》べる　ことが　できません。に　ついて　答《こた》えなさい。

なって 食《た》べて いる 光景《こうけい》は、まさに レストランの にぎわい。くずれかけた タマゴタケは、ゼリーか プリンのようにも 見えて、集《あつ》まった 生きものたちに とっては、きっと おいしいに ちがいないと 思《おも》えました。きのこが くずれる ことで、きのこの 中に ふくまれる 栄養《えいよう》は、小さな 生きものたちに とっては 食《た》べやすく なるようです。

4 私《わたし》が 住《す》んで いる 家《いえ》には クヌギ林が あります。大きく なりすぎた クヌギを、ある 年の 冬《ふゆ》に 半分《はんぶん》の 高《たか》さまで 切《き》りました。切《き》った 枝《えだ》は、六十センチメートルほどの 長《なが》さに そろえて、庭《にわ》の すみに 積《つ》み上げて おきました。

5 切《き》ってから 一年めの 夏《なつ》。積《つ》み上げた クヌギの 表面《ひょうめん》に、たくさんの きのこが はえて きました。すると、いろいろな 昆虫《こんちゅう》たちが やって くるように なりました。

6 月日が たつごとに、クヌギは 縮《ちぢ》んで や

あ ボロボロに くずれた タマゴタケを 何《なに》に たとえて いますか。二つ 書《か》きなさい。〔10点〕

（　　　）（　　　）

い ボロボロに くずれて いる ことは、小さな 生きものたちに とって どんな よい ことが あるのですか。〔10点〕

きのこの 中に ふくまれる 栄養《えいよう》が（　　　）こと。

(4) 4は、どんな 役《やく》わりを はたして いますか。一つ えらんで、○を つけなさい。〔15点〕

ア（　）3までと 話題《わだい》を かえて、ちがう れいを あげる 役《やく》わり。

イ（　）3で せつめいした ことと 反対《はんたい》の ことを のべる 役《やく》わり。

ウ（　）3で せつめいした ことの れいを あげる 役《やく》わり。

わらかく なって いきました。きのこの 菌糸《きんし》*が クヌギの なかに 広《ひろ》がり、その 働《はたら》きで クヌギが くち木と なったのです。④やわらかい くち木は、クワガタムシの 幼虫《ようちゅう》など 多《おお》くの 昆虫《こんちゅう》に とって だいじな エサにも なります。

7 きのこレストランの お客《きゃく》さんには、キノコだけを 食《た》べて 育《そだ》つ キノコ専門《せんもん》の 昆虫《こんちゅう》が いれば、エサと して たまに 食《た》べる だけの ものも います。お客《きゃく》さんの なかには、ほかの 昆虫《こんちゅう》を ねらって やって 来《く》る 肉食昆虫《にくしょくこんちゅう》も います。

8 キノコは たくさんの 生きものたちを 育《はぐく》み、枯《か》れた 木や うんちまでも 分解《ぶんかい》して 土に もどします。キノコは 森や 草原《そうげん》で、いのちを つなぐ だいじな 働《はたら》きを して いるのです。

〈新開孝《しんかいたかし》「きのこレストラン」による〉

*菌糸《きんし》…きのこなどの 体《からだ》を 作《つく》って いる、糸のような 形《かたち》を した さいぼう。

(5) ④やわらかい くち木に ついて 答《こた》えなさい。

あ クヌギが やわらかい くち木に なったのは、何《なん》の 働《はたら》きに よりますか。〔15点〕

クヌギの 表面《ひょうめん》に はえた

（　　　　　　）。

い やわらかく なると、どんな よい ことが ありますか。〔15点〕

（　　　　　　）

(6) この 文章《ぶんしょう》の 要旨《ようし》を 一つ えらんで、○を つけなさい。〔15点〕

ア（　）キノコは 木を ボロボロに して しまう、めいわくな ものだ。

イ（　）キノコは、いのちを つなぐ 働《はたら》きを して くれる、だいじな ものだ。

ウ（　）キノコは、人間《にんげん》の いのちを ささえて くれる、ありがたい ものだ。

《出題範囲《しゅつだいはんい》》
1…1章《しょう》 文字を 書《か》く
2…1章《しょう》 文字を 書《か》く
3…2章《しょう》 短《みじか》い 文を 書《か》く
4…3章《しょう》 短《みじか》い 文を 読《よ》む
5…6章《しょう》 せつめい 文を 読《よ》む

しあげの テスト(1)

※答《こた》えは、かいとう用紙《ようし》の かいとうらんに 書《か》き入れましょう。

満点《まんてん》 100点

時間《じかん》 30分《ぷん》

答《こた》え 30ページ

1 次《つぎ》の ——線《せん》の 漢字《かんじ》の 読《よ》み方《かた》を ひらがなで 書《か》きなさい。

① あ すきな 作家の 本を 読《よ》む。
　い 家来が 一列《いちれつ》に ならぶ。

② あ 本の 行間に 字を 書《か》きこむ。
　い 道路《どうろ》が 通行止《ど》めに なる。

③ あ 弟《おとうと》に 手品《てじな》を 教える。
　い オムレツの 作《つく》り方《かた》を 教わる。

④ あ 細い 道《みち》に 鳥《とり》が いる。
　い 細かい 手作業《てさぎょう》を する。

⑤ あ 夕方《ゆうがた》、雨が 少し ふる。
　い 今年《ことし》は お年玉が 少ない。

3 次《つぎ》の 漢字《かんじ》の 読《よ》み方《かた》を ひらがなで 書《か》いた ものと して 正しい ほうを えらんで、記号《きごう》を 書《か》きなさい。

① 日曜日　ア にちようび　イ にちよおび

② 晴天　ア せえてん　イ せいてん

③ 下地　ア したぢ　イ したじ

④ 図工　ア ずこう　イ づこう

⑤ 間近　ア まじか　イ まぢか

美《うつく》しく さいた 花に、チョウや ハチが、みつを すいに やって きます。この とき、虫の からだに、その 花ふんが ついて いきます。花ふんを つけた まま、今度《こんど》は べつの 花に 行《い》った とき、その 花の めしべに、虫に ついて いった 花ふんが 受《じゅ》ふんする わけです。このように、虫に よって 受《じゅ》ふんが 行《おこな》われる 花を ③「虫《ちゅう》ばい花」と いいます。

それに 対《たい》して、イネや スギ、トウモロコシ、ススキなどは、花ふんが 風《かぜ》に はこばれて 受《じゅ》ふんする 花で、「風《ふう》ばい花」と よばれて います。しかも、イネは 花が さいた ときに、とばされた ④花ふんが、すぐ 下の めしべに ついて 受《じゅ》ふんして しまいます。このように、おなじ 花の おしべと、めしべで 受《じゅ》ふんして しまう ことを 「自家受《じかじゅ》ふん」と いいます。

「虫《ちゅう》ばい花」の 花は、虫の たすけを かりなければ 受《じゅ》ふんが できません。その ために、美《うつく》しい 花びらを もって いたり、あまい かおりや みつ

ア 虫が 花の 中で 花ふんを つくり、その 花ふんで 受《じゅ》ふんが 行《おこな》われる 花。

イ 虫の からだに ついた 花ふんが べつの 花に はこばれ、受《じゅ》ふんが 行《おこな》われる 花。

ウ 虫が 食《た》べて ふんと して 出した 花ふんで 受《じゅ》ふんが 行《おこな》われる 花。

(4) ――線《せん》④「花ふんが、すぐ 下の めしべに ついて 受《じゅ》ふんして しまいます」と ありますが、このような 受《じゅ》ふんの しかたを 何《なん》と いいますか。

(5) [⑤]に 入る 言葉《ことば》を 漢字《かんじ》一字で 書《か》きぬきなさい。

(6) この 文章《ぶんしょう》に 書《か》かれて いる ことを まとめました。次《つぎ》の [　] あ〜うに 入る 言葉《ことば》を 書《か》きぬきなさい。

イネの 花に、[あ]や [い]や みつが ないのは、イネが 「[う]」だからで ある。

5 **次《つぎ》の 文章《ぶんしょう》を 読《よ》んで、問題《もんだい》に 答《こた》えなさい。**

イネの 花には、美《うつく》しい 花びらも、あまい かおりも ありません。それは どうしてでしょうか？

ここで、田んぼの あぜ道《みち》に たくさん さいている タンポポと、イネの 花を くらべて みましょう。

花には、花びら、がく、おしべ、めしべ（花の 四ようそ）などが あります。[①] イネには、花びらも、がくも なく、その かわりに、おしべや、めしべ、子《し》ぼうを 「えい」（もみがら）が つつんで います。

おしべの 先には、「やく」（花ふんぶくろ）が あって、その 中には ②花ふんが たくさん はいって います。この 花ふんが めしべに つき（受《じゅ》ふん）、それで はじめて タネが できるのです。

たとえ 花が さいても 受《じゅ》ふんしなければ、けっして タネは できません。

この 受《じゅ》ふんの しかたが、花に よって いろいろ ちがうのです。

（中略）を たくさん だす ことで、[⑤]を さそって いるのです。

イネなど、「風《ふう》ばい花」の 花は、そんな ひつようが ありませんから、目だたない 花が 多《おお》いのですね。

〈倉兼治《くらかねおさむ》「イネの生命力《せいめいりょく》をさぐる」による〉

●●●

(1) [①]に 入る つなぎ言葉《ことば》を 一つ えらんで、記号《きごう》を 書《か》きなさい。

ア だから

イ すると

ウ しかし

(2) ——線《せん》②「花ふん」の 役《やく》わりは どんな ことですか。次《つぎ》の [　]あ・いに 入る 言葉《ことば》を 書《か》きぬきなさい。

[あ]に ついて [い]を つくる こと。

(3) ——線《せん》③「虫《ちゅう》ばい花」とは どんな 花ですか。一つ えらんで、記号《きごう》を 書《か》きなさい。

2　次《つぎ》の　文から　かたかなで　書《か》く　言葉《ことば》を　ぬき出して、かたかなで　書《か》き直《なお》しなさい。

① ねこが　にゃあにゃあと　なく。

② しちゅうに　にんじんが　はいって　いる。

③ ぼくは　おやつに　ぷりんを　たべた。

④ どあや　まどを　きちんと　しめる。

⑤ かだんに　ちゅうりっぷが　さいて　いる。

4　次《つぎ》の　══線《せん》と　──線《せん》が　主語《しゅご》と　述語《じゅつご》の　組《く》み合《あ》わせに　なって　いる　ものには　○を、なって　いない　ものには　×を　つけなさい。

① カンガルーは　おなかの　ふくろの　中で　子どもを　育《そだ》てます。

② いつもは　夕ごはんを　食《た》べる　前《まえ》に　宿題《しゅくだい》を　します。

③ みさきちゃんも　今月《こんげつ》から　ピアノを　習《なら》いに　行《い》きます。

④ ぼくは　弟《おとうと》が　買《か》った　ゲームで　遊《あそ》びました。

⑤ わたしは　小さい　ころから　雨の　日が　きらいです。

《問題《もんだい》は　うらに　つづきます。》

しあげの テスト(1) かいとう用紙《ようし》

※かいとう用紙《ようし》の 下に ある 採点欄《さいてんらん》の □は、丸《まる》つけの ときに 使《つか》いましょう。

学習《がくしゅう》した 日　月　日

名前《なまえ》

1

① あ	① い	② あ	② い	③ あ	③ い	④ あ	④ い	⑤ あ	⑤ い

2

①	②	③	④	⑤
↓	↓	↓	↓	↓

採点欄《さいてんらん》

1 各1点　／10

2 完答各2点　／10

5

(1)	(3)	(6)
(2) あ	(4)	あ
(2) い	(5)	い
		う

(1)〜(4) 各5点 (5) 10点 (6) 各5点

／50

4

①	②	③	④	⑤

各3点

／15

3

①	②	③	④	⑤

各3点

／15

得《とく》点《てん》

／100

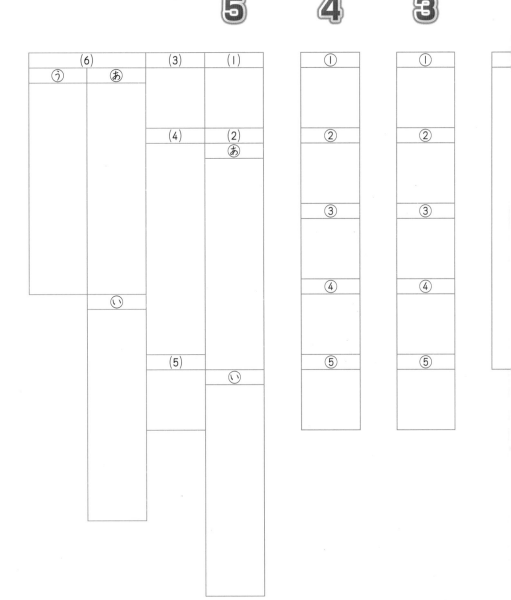

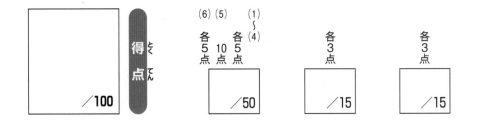

2 次《つぎ》の□に 入る 言葉《ことば》を □から えらんで、記号《きごう》を 書《か》きなさい。

① □ あぶない ことを しては いけない。

② あしたは □ 雨が ふるだろう。

③ □ お名前《なまえ》を 教《おし》えて ください。

④ □ お湯《ゆ》が わいたら、火を 消《け》して ください。

⑤ この ちょうの もようは □ 目のようだ。

ア たぶん	イ けっして
ウ まるで	エ どうか
オ もし	

4 次《つぎ》の 文章《ぶんしょう》を 読《よ》んで、問題《もんだい》に 答《こた》えなさい。

つくえの 引《ひ》き出しの 整理《せいり》を すると、①その おくから ぼくが 赤ちゃんの ころの 写真《しゃしん》が 出て きた。②あれを 見ると、ぼくは 白い 毛《け》糸《いと》の ぼうしを かぶって いた。お母《かあ》さんに、「③この ぼうし、お母《かあ》さんが あんだの。」ときくと、お母《かあ》さんは、

「それは おばあちゃんが あんで くれたのよ。」

と 言《い》った。

(1) ――線《せん》①が 指《さ》して いる 言葉《ことば》を 書《か》きぬきなさい。

(2) ――線《せん》②を 正しい こそあど言葉《ことば》に 書《か》き直《なお》しなさい。

(3) ――線《せん》③は、次《つぎ》の どれに 当《あ》たりますか。一つ えらんで、記号《きごう》を 書《か》きなさい。

ア ものを 指《さ》して いる。

イ 場所《ばしょ》を 指《さ》して いる。

ウ 方向《ほうこう》を 指《さ》して いる。

《問題《もんだい》は うらに つづきます。》

5 次《つぎ》の 文章《ぶんしょう》を 読《よ》んで、問題《もんだい》に 答《こた》えなさい。

つぎの 日だ。友樹《ともき》が 朝早《あさ》く、庭《にわ》で バットを ふって いると、伸太《しんた》が 自転車《じてんしゃ》の ベルを チリチリ 鳴《な》らしながら やって きた。

「友樹《ともき》！ やばいって！」

「あわてて どう したの？」

「切《き》られちゃうよ。大イチョウが！ 達也《たつや》ったら まだ ねてるんだ」

「ええっ、うそだろ！」

二人で 自転車《じてんしゃ》を とばした。

ムササビの 道《みち》、*緑《みどり》の 道《みち》が 断《た》ち切《き》られて しまう！

①友樹《ともき》の 胸《むね》は はりさけそうだった。②ペダルを ぐんぐん こいだ。

大イチョウの 前《まえ》には、『立ち入り禁止《きんし》』の 看板《かんばん》が 立ち、まわりには ロープが はりめぐらされて いた。

「いつのまに！」

ヘルメットを かぶり、作業服《さぎょうふく》を 着《き》た 人たちが てきぱきと 作業《さぎょう》を して いる。

「切《き》らないで ください！」

自転車《じてんしゃ》に またがった まま、友樹《ともき》は 大声《おおごえ》で さ

つくった。

「えっ、ほんとに？ 切《き》らずに すむの？」

「ええ、治療方法《ちりょうほうほう》は きっと 見つかると 思《おも》うわ。いえ、見つけるわ」

④桜木《さくらぎ》さんの 力強《ちからづよ》い ことばに、⑤友樹《ともき》は 足から 力が ぬけて しまい、へなへなと すわりこんで しまった。

「友樹《ともき》、きいたか！ ばんざーい！ ばんざーい」

達也《たつや》は とびはねながら 友樹《ともき》の 背中《せなか》を バンバンと たたき、伸太《しんた》は そんな 二人を まぶしそうに 見つめて いた。

〈深山《みやま》さくら「ぼくらのムササビ大作戦《だいさくせん》」による〉

*緑《みどり》の 道《みち》…ムササビが 空を とぶには とびうつる 木が ひつようで、木が 道《みち》の 役《やく》わりを して いる ことから できた 言葉《ことば》。

(1) いつ どこで あった 出来事《できごと》が 書《か》かれて いますか。次《つぎ》の [ ] あ・いに 入る 言葉《ことば》を 書《か》きぬきなさい。

けんだ。

「切《き》らないで！　おねがいです」

「切《き》っちゃ　だめだ！」

おいついて、うしろから達也《たつや》も声《こえ》を　はりあげた。

「ちょっと　まってよ、みんな」

作業服《さぎょうふく》すがたの　女の　人が、にこにこしながらいったのだ。

「切《き》らないように　する　ために、調査《ちょうさ》してるのよ」

「えっ？」

桜木《さくらぎ》さんと　名のった　その　人は、木の　健康状態《けんこうじょうたい》を　調《しら》べる　樹木医《じゅもくい》さんだった。大イチョウを　切《き》らずに　すむ　方法《ほうほう》は　ないか、町に　たのまれて調査《ちょうさ》して　いるのだと　いった。

ムササビの　ためにも　なんとか　できないか、樹齢何百年《じゅれいなんびゃくねん》にも　なるのに、もったいない、木を　守《まも》りたい、と　いう　町の　人たちの　声《こえ》が、町役場《まちやくば》にたくさん　とどいたのだそうだ。

「調査《ちょうさ》は　まだ　はじまったばかりだから、なんともいえないけどね。たぶん」

桜木《さくらぎ》さんは、にこっと　わらいながら、③指《ゆび》で　丸《まる》を

い　あ　早い　時間

・どこで…い　の　前《まえ》。

(2)　――線《せん》①「友樹《ともき》の　胸《むね》は　はりさけそうだった。」と　ありますが、この　ときの　友樹《ともき》の　気持《きも》ちを一つ　えらんで、記号《きごう》を　書《か》きなさい。

ア　大イチョウが　切《き》られる　ことを　よろこぶ　気持《きも》ち。
イ　大イチョウが　切《き》られる　ことに　おこる　気持《きも》ち。
ウ　大イチョウが　切《き》られるのが　悲《かな》しい　気持《きも》ち。

(3)　――線《せん》②「ペダルを　ぐんぐん　こいだ。」から、友樹《ともき》の　どんな　気持《きも》ちが　わかりますか。□に　入る　言葉《ことば》を　書《か》きなさい。

早く□と　いう　気持《きも》ち。

(4)　――線《せん》③「指《ゆび》で　丸《まる》を　つくった」と　ありますが、どういう　意味《いみ》を　表《あらわ》して　いますか。□に　入る　言葉《ことば》を　書《か》きぬきなさい。

大イチョウを□と　いう　意味《いみ》。

(5)　――線《せん》④「桜木《さくらぎ》さんの　力強《ちからづよ》い　ことば」とは、どの　言葉《ことば》を　指《さ》して　いますか。書《か》きぬきなさい。

(6)　――線《せん》⑤「友樹《ともき》は　足から　力が　ぬけて　しまい、へなへなと　すわりこんで　しまった」と　ありますが、この　ときの　友樹《ともき》の　気持《きも》ちを　考《かんが》えて　書《か》きなさい。

《出題範囲《しゅつだいはんい》》1…1章《しょう》 文字を 書《か》く 2…2章《しょう》 短《みじか》い 文を 書《か》く 3…3章《しょう》 短《みじか》い 文を 読《よ》む 4…3章《しょう》 短《みじか》い 文を 読《よ》む 5…5章《しょう》 物語文《ものがたりぶん》を 読《よ》む

しあげの テスト(2)

※答《こた》えは、かいとう用紙《ようし》の かいとうらんに 書《か》き入れましょう。

満点《まんてん》 100点

時間《じかん》 30分《ぷん》

答《こた》え 31ページ

1 次《つぎ》の ——線《せん》の ひらがなを 漢字《かんじ》に 直《なお》しなさい。

① あ ぼくの クラスは 二くみです。
　 い この 木の えだは ほそい。

② あ したしい 友《とも》だちが できる。
　 い あたらしい えん筆《ぴつ》を 買《か》う。

③ あ きのう あった ことを はなす。
　 い おじいさんが 昔《むかし》の ことを かたる。

④ あ 暗《くら》くて、かおが よく 見えない。
　 い 友《とも》だちが かう 犬の あたまを なでる。

⑤ あ あたり 一面《いちめん》に ゆきが つもる。
　 い くも一つ ない、いい 天気だ。

3 次《つぎ》の ——線部《せんぶ》は、つなぎ言葉《ことば》の 使《つか》い方《かた》が まちがって います。正しく 書《か》き直《なお》しなさい。

① おかしを 食《た》べすぎた。でも、夕ごはんを あまり 食《た》べられなかった。

② 元気《げんき》そうだね。だから、きのう 君《きみ》の お兄《にい》さんに 会《あ》ったよ。

③ 今日《きょう》は 宿題《しゅくだい》が 出なかった。つまり、あしたは 運動会《うんどうかい》だからだ。

④ きのうは 少《すこ》し 寒《さむ》かったし、がまんして プールで 泳《およ》いだ。

⑤ おなかが いたいのに、プールに 行《い》くのを やめた。

しあげの テスト(2) かいとう用紙《ようし》

※かいとう用紙《ようし》の 下に ある 採点欄《さいてんらん》の □は、丸《まる》つけの ときに 使《つか》いましょう。

学習《がくしゅう》した日　月　日

名前《なまえ》

1

①　あ　い　②　あ　い　③　あ　い　④　あ　い　⑤　あ　い

2

①　②　③　④　⑤

3

①　②　③　④　⑤

採点欄《さいてんらん》

各1点　／10

各2点　／10

各3点　／15

15

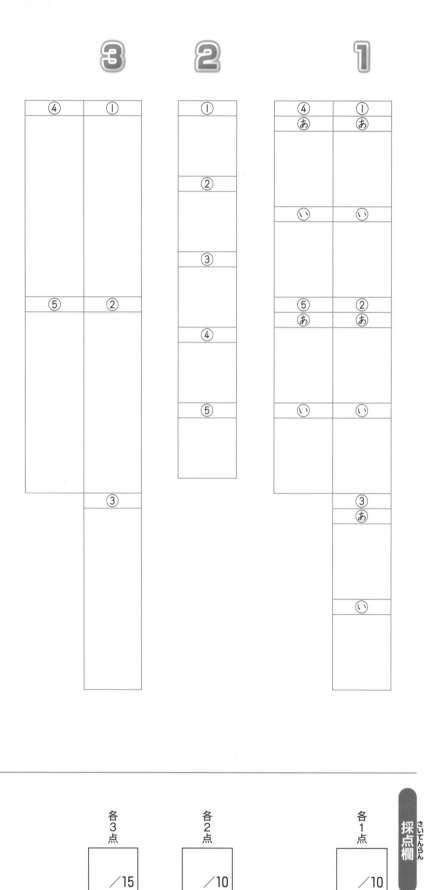

5

4

(6)	(4)	(3)	(1)
			㋐
			㋑
	(5)		(2)

(1)
(2)
(3)

得《とく》点《てん》 ／100

(6) 15点
(4)・(5) 各5点
(3) 10点
(1)・(2) 各5点
／50

各5点

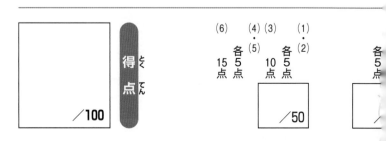

トクとトクイになる！

小学ハイレベルワーク

国語2年

答えと考え方

1 漢字を 書こう

標準レベル＋

8・9ページ

1 (1)はる・く (2)ほし・ひか (3)むぎ・つく (4)にく・た (5)うま・はし (6)ふる・ふね (7)いもうと・はな (8)たか・こえ

2 (1)分・公 (2)工・土 (3)谷・合 (4)汽・気 (5)止・上 (6)角・用 (7)数・教 (8)今・会 (9)文・交 (10)方・万

3 (1)口・鳥 (2)山・石 (3)日・寺 (4)女・市 (5)王・里
〈(1)〜(5)それぞれ順不同〉

4 (1)一 ㇇ ヨ 戸 (2)ノ イ 仁 何 何 何 (3)ノ ク 名 名 名 色 (4)丶 丷 䒑 半 米 米 (5)丨 冂 冂 冂 図 図 図 (6)一 十 土 耂 老 考

考え方

1 (4)の「肉」以外はすべて訓です。それぞれの音も覚えましょう。

2 形の似ている漢字を出題しています。二つの漢字をよく見比べて、どこが違《ちが》うのかを確認《かくにん》しておきましょう。(2)「土」、(4)「気」、(5)「上」、(9)「文」は、一年生で習った漢字です。

3 漢字がいくつかの部分から成り立っていることを理解しましょう。(1)〈鳥〉が「口」で「鳴く」のように、意味を考えながら学習すると楽しく覚えられます。(2)「山」にある「石」は「岩」です。(3)「日」は太陽を表し、「寺」は「ジ」という音を表しています。(4)「女」は女性を表し、「市」は「シ」という音を表しています。(5)「王」の最後の画があがっているのでわかりにくいかもしれません。これはもともと「玉」を表し、偏《へん》になって「ｷ」の形をとったものです。三年生で習う「球」も同じ〈おうへん〉です。「里」は「リ」という音を表しています。

4 (2)「何」は中心の「口」を最後に書かないように注意しましょう。(6)「考」の青い部分は、右上から左下におろすように書きます。

ハイレベル＋＋

10・11ページ

1 (1)じょう・ば (2)たい・からだ (3)ぎょ・さかな(うお) (4)ぎゅう・うし (5)じ・てら (6)こく・くに (7)こく・くろ (8)てん・みせ
〈(1)〜(8)それぞれ順不同〉

2 (1)兄弟 (2)父・母 (3)東・西 (4)多少 (5)遠近 (6)強弱 (7)内外 (8)前後 (9)売・買 (10)昼夜

3 (1)語・記 (2)家・室 (3)海・池 (4)茶・花 (5)顔・頭

4 (1)三・エ (2)三・ア (3)十二・ウ (4)五・イ (5)九・ウ (6)二・エ (7)四・イ (8)九・ア

考え方

1 解答は〈音・訓〉の順に示しています。訓に比べて、音はなかなか思い浮《う》かばないかもしれません。そのような場合には、熟語を作ってみると思い浮《う》かべやすくなります。例えば、(1)「会場・入場」などの熟語から「じょう」という音がわかります。

2 (4)「多少」は、「大小」との違《ちが》いに注意しましょう。「大きい」の反対は「小さい」、「多い」の反対は「少ない」です。(10)は「昼と夜」という意味なので、「中夜」と書くのは誤りです。

3 同じ部首の漢字には、共通する意味があります。(1)「語・記」は〈言葉〉という意味が共通しています。同様に、(2)は〈いえ〉、(3)は〈水〉、(4)は〈植物〉、(5)は〈あたま〉という意味が共通しています。

4 (2)「弓」の青い部分は、かたかなの「コ」を書くときと同じ筆順で、二画で書きます。残りは一画で書きます。(3)「間」は「門」（部首のもんがまえ）の青い部分を最初に書くので、〈外側は先に書く〉というきまりに当てはまります。(7)「心」は「丶 ㇃ 心 心」の順に書きます。

2 送りがなに　注意しよう

標準レベル ＋　12・13ページ

1 (1)る (2)い (3)こえる (4)う (5)しい

2 (1)晴れる (2)少ない (3)切る (4)計る (5)考える (6)広がる (7)同じ

3 (1)(あ)わ (い)っ (う)う (え)え (2)(あ)か (い)く (う)い (え)け

4 (1)おし・おそ (2)あ・あか (3)あら・あたら (4)こま・ほそ (5)う・は (6)ま・まじ

考え方

1 **送り仮名《がな》は、変化する部分（活用語尾《ごび》）からつける**という原則があります。ただし、例外もあります。(1)「回る」は、「まわ**ら**ない」「まわ**り**ます」「まわ**る**」「まわ**れば**」「まわ**ろう**」と活用し、「まわ」は変化しません。したがって、「回わる」のようにはつけず、「回**る**」とします。(3)は「聞く」という読み方があるので、その送り仮名《がな》に合わせます。(5)「楽しい」のように「……しい」で終わる言葉は、「し」からつけます。

2 (2)「少ない」は送り仮名《がな》のつけ方が決められている語なので、しっかり覚えておきましょう。(3)「切」だけでは、「きらない」なのか「きる」なのか「きれ」なのか、はっきりしません。このような不都合をなくすために送り仮名《がな》をつけます。(6)は「広い」という読み方に合わせます。(7)のように形が変わらない語（名詞を除く）の場合は、最後の一字をつけます。

3 あとに続く言葉によって、「言う」「長い」という語の送り仮名《がな》が変化します。送り仮名《がな》は、この変化する部分からつけるのが原則です。

4 送り仮名《がな》によって、漢字の読み方・意味が変わるものを出題しています。送り仮名《がな》のつけ方を間違《まちが》えると、別の語になってしまうこともあります。送り仮名《がな》を漢字の〈おまけ〉のように考えず、漢字と一緒《いっしょ》に正確に覚えることが大切です。

ハイレベル ＋＋　14・15ページ

1 (1)歩きましょう (2)答えなさい (3)遠かった (4)思わない (5)数えられますか

2 (1)食 (2)通 (3)語 (4)休 (5)親 (6)高 (7)太 (8)外

3 (1)大当たり (2)行き止まり (3)引き分け (4)組み立てる (5)売り切れ (6)知り合い (7)読み上げる (8)長生き

4 多おく(の)→多く(の)・冬ゆ→冬・会たく(て)→会いたく(て)・歌(て)→歌っ(て)　〔順不同〕

考え方

1 (1)「歩く」、(2)「答える」、(3)「遠い」、(4)「思う」、(5)「数える」という基本の形を思い出し、それに合わせて送り仮名《がな》をつけましょう。

2 (1)「くう・たべる」、(2)「とおる・かよう」は、送り仮名《がな》によって漢字の読み方が変わります。一つの読み方だけで考えないよう注意しましょう。(2)「通う」は「心が通う」、(5)「親しむ」は「自然に親しむ」、(6)「高まる」は「評判が高まる」のように使います。

3 すべて二つの言葉が組み合わさってできています。このような場合の送り仮名《がな》は、それぞれの言葉の送り仮名《がな》に合わせます。組み合わさっている言葉は、(1)「大きい＋当たる」、(2)「行く＋止まる」、(3)「引く＋分ける」、(4)「組む＋立てる」、(5)「売る＋切れる」、(6)「知る＋合う」、(7)「読む＋上げる」、(8)「長い＋生きる」です。

4 「多い（おおい）」は、「おお**かろう**」「おお**かった**」「おお**い**」「おお**けれ**ば」と変化し、「おお」の部分は変化しません。したがって、送り仮名《がな》は「多**く**」とつけます。
「冬」は名詞なので、送り仮名《がな》はつけません。

「会う（あう）」「歌う（うたう）」は、変化しないのは「あ」「うた」の部分であり、「あい」「うたっ」ではありません。

3 かたかなを　書こう

標準レベル＋　16・17ページ

1 ①オ　②セ　③ナ　④ネ　⑤ム　⑥ヤ　⑦ル　⑧ヲ　⑨ゲ　⑩ジ
⑪ズ　⑫ゾ　⑬デ　⑭ビ　⑮ボ　⑯プ　⑰ポ

2 （キャ）・キュ・キョ／ギャ・ギュ・ギョ／シャ・シュ・ショ
ジャ・ジュ・ジョ／チャ・チュ・チョ／ヂャ・ヂュ・ヂョ
ニャ・ニュ・ニョ／ヒャ・ヒュ・ヒョ／ビャ・ビュ・ビョ
ピャ・ピュ・ピョ／ミャ・ミュ・ミョ／リャ・リュ・リョ

3 (1)ハンドル　(2)エネルギー　(3)サービス　(4)パソコン
(5)ブロッコリー　(6)ジャンプ　(7)マンション　(8)トマトケチャップ

4 エレベーター・デパート・レストラン・ピンポーン・チャイム・ドア・コーヒー・アイスクリーム

考え方

1 「゛」「゜」がつく文字を確認《かくにん》しておきましょう。「゛」がつくのは、カ行・サ行・タ行・ハ行、「゜」がつくのはハ行だけです。

2 小さい「ャ」「ュ」「ョ」がつくのは、イ段の文字だけです（「イ」を除く）。**1**の五十音図を使って、「(イ)　キシチニ……」とイ段をたどってみましょう。それぞれに「ャ」「ュ」「ョ」がつくことを確認《かくにん》できます。

3 (2)「エネルギイ」、(3)「サアビス」、(5)「ブロッコリイ」のように、ひらがなをそのままかたかなに置き換《か》えていませんか。かたかなの長音（伸《の》ばす音）はすべて「ー」と書くのがきまりです。

4 「ピンポーン」は〈物音を表す言葉〉、その他は〈外来語〉なので、かたかなで書きます。「モウ」は〈鳴き声〉ではないので、ひらがなです。《エレベーターに乗って、デパートのレストランに行きました。ピンポーンとチャイムが鳴り、ドアが開くと、もうそこはお店の入り口です。お母さんはコーヒーを、わたしはアイスクリームを注文しました。》

ハイレベル＋＋　18・19ページ

1 (1)カ~~ア~~ネー~~ツ~~ョン→ー・シ　(2)~~ボ~~ッ~~ヅ~~コ~~オ~~ン→ポ・プ・ー
(3)~~ギ~~グソーパ~~ヅ~~ル→ジ・ズ　(4)ト~~リ~~レ~~ツ~~トペ~~エ~~パー→イ・ッ・ー
(5)シ~~ュ~~ープペ~~ソ~~シル→ャ・ン　(6)グ~~ル~~ープ~~ワ~~~~レ~~ーツ→レ・フ・ル

2 (1)例キャッチボール・キャベツ　(2)例チュロス・チューリップ
(3)例ショッピング・ショパン　(4)例ジャム・ジャージ
(5)例ジュース・ジュニア　(6)例ジョギング・ジョーカー

3 (1)ピチャピチャ・ドスン　(2)ミーンミーン・コケコッコー
(3)バター・コロッケ　(4)フラミンゴ・カンガルー　(5)オランダ・インド
〈(1)〜(5)それぞれ順不同〉

4 (1)ア・イ　(2)イ・ア　(3)ア・イ　(4)ア・イ

考え方

1 (3)かたかなの仮名遣《かなづか》いも、一般的《いっぱんてき》には「ジ・ズ」を使い、「ヂ・ヅ」は使いません。ひらがなの場合と同じです。

2 (2)「チューチュー」、(4)「ジャージャー」のように〈物音や鳴き声〉を表したものも正解です。

3 かたかなで書くものは、大きく分けて〈物音や鳴き声〉と〈外来語〉です。(1)「ピチャピチャ」は水の音、「ドスン」は重い物が落ちる音などを表します。(2)「ミーンミーン」は蝉《せみ》の鳴き声、「コケコッコー」は鶏《にわとり》の鳴き声です。(3)〜(5)外国から入ってきた「食べ物」や「動物」、「外国の名前（中国《ちゅうごく》などを除く）」は〈外来語〉として、かたかなで書きます。

4 〈物音〉を表しているのはどちらかを考えます。(1)空き缶《かん》が転がる音、(2)ポスターをはがす音、(3)氷をかじる音、(4)扉《とびら》をたたく音は、かたかなで書きます。こうした〈物音〉を表す言葉を**擬声語**《ぎせいご》（擬音語《ぎおんご》）といいます。これに対してもう一方は、(1)喉《のど》が渇《かわ》く様子、(2)仕事をする様子、(3)痩《や》せている様子、(4)毎日続ける様子を表しています。このように様子を表す言葉は**擬態語**《ぎたいご》といい、ひらがなで書きます。

チャレンジテスト 20・21ページ

1 (1)地下室 (2)午前中 (3)三角形 (4)一直線 (5)大草原 (6)新番組 (7)生活科

2 (1)例紙に 絵を えがく。 (2)例門の 間から 入る。 (3)例雲から 雪が ふる。 (4)例月が しずみ、朝が 来た。 (5)例日が のぼり、昼に なる。 (6)例車が 道を 通る。

3 (1)○ (2)× (3)× (4)× (5)× (6)○ (7)○ (8)○ (9)○ (10)× (11)× (12)× (13)○ (14)○ (15)× (16)○ (17)× (18)○ (19)× (20)× (21)○ (22)○ (23)× (24)○ (25)×

4 (1)帰る (2)楽しむ (3)丸める (4)強い (5)黒い (6)後ろ (7)明らか (8)当てる

考え方

1 三字熟語には、次の三つの組み立てがあります。

①「○+○○」の形。……(4)「一直線」、(5)「大草原」、(6)「新番組」

②「○○+○」の形。……(1)「地下室」、(2)「午前中」、(3)「三角形」、(7)「生活科」

③「○+○+○」の形。……例「大中小」「上中下」「市町村」

2 それぞれ、二つの漢字には共通している部分があります。その部分を部首といいます。部首と部首名は次のとおりです。

(1)糸・いとへん (2)門・もんがまえ

(3)⻗・あめかんむり (4)月・つき

(5)日・ひ (6)辶・しんにょう（しんにゅう）

それぞれの部首の意味を考えたり、漢字を訓で読んだりして、文を作りましょう。

3 (1)「レタス」は外国から来た野菜なので、かたかなで書きます。

(2)「中国《ちゅうごく》」は外国の名前ですが、例外的に漢字で書きます。

(6)「ガス」は〈外来語〉なので、かたかなで書きます。

(7)「ザブザブ」は物音を表す擬声語《ぎせいご》なので、かたかなで書きます。

(8)「ゴリラ」は〈外来語〉なので、かたかなで書きます。

(9)「ポスト」は〈外来語〉なので、かたかなで書きます。

(13)「クリスマス」は外国の行事なので、かたかなで書きます。

(14)「カッター」は〈外来語〉なので、かたかなで書きます。

(16)「パン」は〈外来語〉なので、かたかなで書きます。

(18)「マット」は〈外来語〉なので、かたかなで書きます。

(20)「ぴかぴか」と(23)「びくびく」は様子を表す擬態語《ぎたいご》なので、ひらがなで書きます。

(21)「ボクシング」は外国から来たスポーツなので、かたかなで書きます。

(22)「スイス」は外国の名前なので、かたかなで書きます。

(24)「シンデレラ」は外国の物語の主人公の名前なので、かたかなで書きます。

4 (1)「かえる」は「かえ**ら**ない」「かえ**り**ます」と活用し、「かえ」は変化しないので、「帰る」と書きます。

(2)「楽しい」の送り仮名《がな》のつけ方に合わせて、「楽しむ」と書きます。

(3)「丸い」の送り仮名《がな》のつけ方に合わせて、「丸める」と書きます。

(4)「つよい」は「つよ**く**ない」「つよ**けれ**ば」と活用し、「つよ」は変化しないので、「強い」と書きます。

(5)「くろい」は「くろ**く**ない」「くろ**かっ**た」と活用し、「くろ」は変化しないので、「黒い」と書きます。

(6)名詞は送り仮名《がな》をつけないのが原則ですが、「後ろ」は例外です。

(7)「……らか」という形容動詞の場合には、「ら」から送り仮名《がな》をつけます。

(8)「当る」では「あたる」と区別できないので、「当てる」と書きます。

4 かなづかいに 注意して 書こう

22・23ページ

標準レベル

1 (1)みみず (2)とうだい (3)はじめまして (4)とうもろこし (5)しょうがっこう (6)みかづき (7)おねえさん (8)うちゅうじん

2 (1)い (2)え (3)え (4)え (5)え (6)へ (7)い (8)い (9)え (10)い (11)い (12)い (13)へ (14)へ

3 (1)う (2)う (3)う (4)う (5)お (6)う (7)を (8)お (9)う (10)お (11)お (12)を (13)お (14)お

4 (1)ず (2)づ (3)づ (4)ず (5)ず (6)ず (7)づ (8)ず

5 (1)じ (2)じ (3)じ (4)ぢ (5)じ (6)ぢ

考え方

1 正しい仮名遣《かなづか》いを確認《かくにん》する問題です。(6)漢字で「三日月」と書くので、「月」の部分は「づき」と書きます。(7)エ段の長音の場合、「おねえさん」と「ええ」の二つは、エ段の仮名《かな》に「え」をつけて表します。

2 「え」「へ」「い」の使い分けの問題です。(1)・(7)・(8)・(10)・(11)・(12)のような言葉は、エ段の長音として発音されるか、「ケイ」「ヘイ」などと発音されるかに関わらず、エ段の仮名《かな》に「い」をつけて書きます。

3 「お」「を」「う」の使い分けの問題です。「お」と「を」は同じ発音ですが、助詞の「を」は語頭にはつきません。

4・5 「ず」と「づ」、「じ」と「ぢ」の使い分けの問題です。「ちぢむ」「つづく」など同じ音が連続する場合は、原則として「ぢ」「づ」と書きます。また、「気＋つく」「鼻＋血」のように二語が合わさった語の場合の「づ」「ぢ」は、原則として、元の語の表記に濁点《だくてん》をつけた「づ」「ぢ」を使います。「稲妻《いなずま》」「世界中《せかいじゅう》」のように「ず」「じ」とする例外もあるので、注意が必要です。

ハイレベル

24・25ページ

1 (右から)はとどけい・むらびと・かぜぐすり・わたりどり・ばねばかり・あおぞら・げたばこ

2 (1)(あ)う (い)づ (う)を (2)(あ)お (い)お (う)ず (3)(あ)じ (い)い (う)う

3 (1)イ (2)イ (3)ウ (4)イ (5)ア (6)ア (7)イ (8)イ (9)ウ (10)ア

4 山をく(の)→山おく(の)・みづうみ(は)→みずうみ(は)・こうりつい(て)→こおりつい(て)・手お→手を・歩きはぢめ(ました)→歩きはじめ(ました)　〔順不同〕

考え方

1 二つの言葉をつなげて複合語を作ることで、あとの言葉の頭が濁音《だくおん》になること(連濁《れんだく》)を確認《かくにん》する問題です。なお、二つの言葉を合わせた場合にすべて濁音《だくおん》になるとは限らないので(虫＋かご→虫かご)、注意が必要です。

2 文中に適切な文字を当てはめて文を完成させる問題です。(1)(あ)「おとうと」のように、オ段の長音は「う」と書くのが原則ですが、(2)(あ)「おおきな(大きな)」のように、「お」とする例外もあります(「こおり」「ほおずき」「ほのお」など)。

3 正しい仮名遣《かなづか》いを見分けられるかどうかを確かめる問題です。(1)「を」は、助詞以外には用いません。(2)エ段の長音は、「おねえさん」「ええ」以外は、「エ段＋い」と書きます。(3)・(5)オ段の長音は原則として「う」と書きますが、「おおかみ」は例外です。(4)・(8)・(9)・(10)同音が続く場合や二語が合わさった場合を除き、原則として、「ジ」と発音するものは「じ」、「ズ」と発音するものは「ず」と書きます。(9)ウの「かんづめ」は「かん」＋「つめる」と二語が合わさっているので、「づ」と書きます。

4 文章中から仮名遣《かなづか》いの間違《まちが》いを見つける問題です。「山をく」は「山の奥(おく)」なので、「を」ではなく「お」と書きます。「こうりつく」は、「おおきい」と同じように特別な書き方をする言葉で、「こおりつく」となります。「手お」の「お」は助詞なので、「を」と書きます。

5 ふごうを 正しく 使おう

標準レベル＋

26・27ページ

1 「あしたは、午後から 雨が ふるでしょう。」
「この 天気なら、学校から 帰って くるまで 雨は ふらないよ。」

「そうかなあ。」

2 (1)本を 読んで いたら、だんだん ねむく なって きました。そこで、ねむけざましに 体そうを しました。
(2)先生が、大きな 声で みんなに 言いました。／「わからない ところが あったら、手を あげて ください。」
(3)「ほら、あの 木の 上を 見て ごらん。」／おじいさんは、庭に 一本だけ 生えて いる 木を 指さしました。

3 (1)㋐弟 ㋑ぼく (2)㋐わたし ㋑わたし・山田君（㋑順不同）

4 (1)白と 黒 (2)定か 九百八十円 (3)小がた犬の 一しゅ (4)スポーツに 親しみ、けんこうな 心と 体を 育てる 日

考え方

1 文章に正しく「 」（かぎ）をつけることができるか確認《かくにん》する問題です。「あしたは……」はアナウンサー、「この 天気なら……」は「わたし」、「そうかなあ。」は弟の発言です。

2 句読点を正しく使うことができるか確認《かくにん》する問題です。句点は「 」の中の文の末尾《まつび》にもつけることを忘れないようにしましょう。

3 読点の位置によって文の意味が変化することを確認《かくにん》する問題です。(2)㋐「わたしは、いっしょに 歩いて いる 山田《やまだ》君と 田中《たなか》さんに あいさつを した。」と、読点の位置だけでなく語順も変えると、「わたし」が挨《あい》拶《さつ》をしたことが明確になります。

4 （ ）の正しい使い方を確認《かくにん》する問題です。（ ）内には、(3)は「チワワ」の説明、(4)は「スポーツの日」の説明が入ります。

ハイレベル＋＋

28・29ページ

1 (1)ア (2)イ (3)エ (4)ウ

2 (1)○ (2)× (3)× (4)○ (5)○ (6)×

3 (1)ぼくは にこにこと、わらい顔の 妹を 見た。
(2)先生は 大きな 声で、さわいで いる 人たちを 注意しました。
(3)ぼくは さんぽを して いる おじいさんと、さくらの 木を 見て いました。
(4)今日 太一君が 来る ことを、はじめて 知りました。

4 (1)先生に、「とても すてきな 絵だね。」と ほめられました。
(2)「電車は すぐに 来るよ。」と、駅員さんが ぼくに 教えて くれました。
(3)公園で 遊んで いると、よしのぶ君が 「おにごっこを しよう。」と 言いました。
(4)カメラを 持って いる おじさんが 言いました。「はい、チーズ。」

考え方

1 符号《ふごう》がどのようなときに使われるか確認《かくにん》する問題です。

2 符号《ふごう》の正しい使い方を確認《かくにん》する問題です。(2)助詞の「と」は会話文の引用を示しているので、「 」の直後に、区切るための読点をつけないようにします。(3)会話文には「 」を使います。(6)会話文の終わりに句点がなく、「 」の直後についています。

3 文の意味に合わせて正しく読点をつける問題です。読点の打ち方によっては意味が変わってくることを理解しましょう。

4 符号《ふごう》が正しく使えるか確認《かくにん》する問題です。(3)読点は一つだけつけるという条件ですから、「よしのぶ君が」という主語のあとよりも「公園で 遊んで いると」のあとにつけて、文の意味をはっきりさせます。(4)「はい」「やあ」「もしもし」など感動詞のあとに言葉が続いているなら、普通《ふつう》、その直後に読点をつけます。

6 言葉づかいに 注意して 書こう

標準レベル＋　30・31ページ

1 (1)ぼくは　小学生です。 (2)遠くに　高い　山が　見えます。 (3)えん筆で　字を　書きます。 (4)この　ケーキは　おいしそうです。

2 (1)お (2)ご (3)お (4)ご (5)お (6)お (7)ご

3 (1)が・を・と・に (2)は・ので・と・を・まで

4 (1)ア (2)イ (3)イ (4)ア

考え方

1 常体を敬体に書き直すと、どのような表現になるのか確認《かくにん》する問題です。この単元では、丁寧《ていねい》な言い方をするためのさまざまな表現方法を確認《かくにん》したり、副詞や助詞のように文章中でよく使われる言葉でありながら、間《ま》違《ちが》った使われ方をしやすいものについて正しく理解できるようにしたりします。「です」「ます」はどちらも助動詞ですが、「ます」は動詞や助動詞（動詞型の活用をするもの）の連用形につき、「です」は体言や「ばかり」「から」などの一部の助詞、形容詞の終止形、助動詞などにつきます。また、「そうです」「ようです」などのように、丁寧《ていねい》な言い方の助動詞もあります。実際に文を見ながら確認《かくにん》してみましょう。

2 接頭語の「お」「ご」を使い分ける問題です。どちらも丁寧《ていねい》な表現をするときに使いますが、どちらを使うかは下にくる言葉によって異なります。

3 文中に当てはまる適切な助詞を選ぶ問題です。(1)の「と」は接続助詞で、〝そのとき〟という順接を示します。(2)の「と」は格助詞で、並立《へいりつ》を示します。

4 状態の副詞の正しい使い方について確認《かくにん》する問題です。(1)イは、〝簡単に〟という意味の「やすやすと」が当てはまります。(4)「じろっと」は、にらむようにして短時間見る様子を表します。

ハイレベル＋＋　32・33ページ

1 (1)イ (2)ア (3)ア (4)ウ

2 (1)と・の・ばかり (2)も・に (3)ながら・は(を)・に (4)より・が・と

3 (1)ア (2)ア (3)ア (4)イ (5)イ (6)ア

4 (1)イ (2)ア (3)イ

考え方

1 正しい敬語の使い方を確認《かくにん》する問題です。(1)お客様の「座《すわ》る」という行動を敬う「お……になる」という言い方のものを選びます。(3)「おっしゃる」は「言う」の尊敬語です。(4)「電話をする」という自分の動作をへりくだる言い方を選びます。

2 文中でどのような助詞を使えばよいのか確認《かくにん》する問題です。助詞は、「は」や「へ」など一字のものだけではないということを確認《かくにん》しておきましょう。(1)「ばかり」は限定の意味を示し、「だけ」と同じように使われます。(2)「……も……も」という形で並立《へいりつ》を示します。(3)接続助詞「ながら」と同じような意味の助詞に「つつ」があります。(4)「　」の直後には、引用を示す「と」が入ります。

3 呼応の副詞について確認《かくにん》する問題です。(1)「もし」は、「……たら」「……ても」といった仮定を表す言葉と呼応します。(2)「たぶん」は、推量の表現と呼応します。(3)「まるで」は、「あたかも」「ちょうど」と同様にたとえを表す言葉「……ようだ」「……みたいだ」と呼応します。(4)「ぜひ」は、「どうか」と同様に願望の表現と呼応します。(5)「けっして」は、打ち消しの表現と呼応します。(6)「どうして」は疑問の表現と呼応します。

4 読点が文の意味に合う位置に正しくつけられているか確認《かくにん》する問題です。(1)アの文は、歌っているのは「わたし」になります。(2)イの文は、座《すわ》っているのは「ぼく」になります。(3)アの文は、たけし君が一人で、みのる君とつよし君の二人を追いかけているという意味になります。

チャレンジテスト　34・35ページ

1 (1)ぼくは　水えい大会で　ゆうしょうしました。
(2)手づかみで　おすしを　食べました。
(3)こおろぎが　いえの　中に　入って　きた。
(4)おおぜいで　りょう理を　あじわう。
(5)とおり雨に　あって、ずぶぬれに　なりました。

2 遠足で　動物園に　行った　とき、ぼくは　真っ先に　チーターを　見に　行きました。チーターは、地上で　いちばん　速く　走る（時速　百キロメートルくらい）動物です。チーターの　すらりと　した　すがたを　見た　とき、ぼくは　「かっこいいなあ。」と　さけんで　しまいました。

3 (1)イ　(2)ウ　(3)ア　(4)イ　(5)ア

4 (1)ぼくは　テレビを　見ながら、おかしを　食べて　いる　お兄ちゃんに　話しかけた。
(2)わたしは　お姉ちゃんと、お母さんが　帰って　くるのを　待った。
(3)ぼくは　きのう、図書館で　かりた　本を　返しに　行った。

考え方

1 仮名遣《かなづか》いを確認《かくにん》する問題です。

(1) エ段の長音は「エ段＋い」と書くのが原則なので、「水ええ」→「水えい」と書きます。オ段の長音は「オ段＋う」と書くのが原則なので、「ゆうしょお」→「ゆうしょう」と書きます。

(2) 「手＋つかむ」という組み合わせの言葉なので「手づかみ」です。「おすしお」の「お」は助詞なので、「おすしを」と書きます。

(3) 「こおろぎ」はオ段の長音ですが、特別な書き方をします。「いへ」は漢字で書くと「家」なので、「いえ」と書きます。

(4) 「おおぜい」はオ段の長音ですが、特別な書き方をします。「あぢわう」は漢字で書くと「味わう」なので、「あじわう」と書きます。

(5) 「とおり雨」はオ段の長音ですが、特別な書き方をします。「ず」と読む言葉は、基本的に「ず」と書くので、「づぶぬれ」→「ずぶぬれ」と書きます。

2 文章に正しく符号《ふごう》をつけることができるか確認《かくにん》する問題です。「時速百キロメートルくらい」は、チーターがどれくらい速く走れるかを具体的に説明している部分なので、（　）をつけます。「かっこいいなあ」のあとに句点をつけることを忘れないようにしましょう。

3 丁寧《ていねい》な言葉の使い方を確認《かくにん》する問題です。普通《ふつう》の言い方→丁寧《ていねい》語を使った言い方→尊敬語や謙譲《けんじょう》語を使った言い方、の順にかしこまった表現になります。

(1) 「いらっしゃる」は、「いる」の尊敬語です。ほかに「行く」「来る」の尊敬語でもあります。

(2) 「飲まれる」の「れる」は尊敬の意味を表す助動詞です。「れる・られる」をつけて尊敬語の表現にすることもできます。

(3) 「いただく」は「食べる」の謙譲《けんじょう》語です。ほかに「もらう」の謙譲《けんじょう》語でもあります。

(4) 「おたずねします」のように、「お……する」という表現は、自分の動作をへりくだって言う謙譲《けんじょう》語です。

(5) 「おかきになる」のように、「お……になる」という表現は、相手の動作を高めて言う尊敬語です。

4 文の意味に合うように、読点を正しい位置につける問題です。

(1) お兄ちゃんがテレビを見ている意味にするときは、「ぼくは、テレビを　見ながら　おかしを　食べて　いる　お兄ちゃんに　話しかけた。」と読点をつけます。

(2) 待っているのが「わたし」だけの場合は、「わたしは、お姉ちゃんと　お母さんが　帰って　くるのを　待った。」と読点をつけます。

(3) 本を借りたのが昨日である場合は、「ぼくは、きのう　図書館で　かりた　本を　返しに　行った。」と読点をつけます。

7 つなぎ言葉に 注意しよう

標準レベル＋

36・37ページ

1 (1)イ (2)ウ (3)ア (4)イ

2 (1)だから (2)また (3)しかし (4)つまり

3 (1)○ (2)× (3)× (4)○ (5)○ (6)× (7)×

4 (1)例さいふが 落ちて いたので、交番に とどけました。
(2)例体育で プールに 入る 予定でしたが、雨で 中止に なりました。
(3)例両手に ぐん手を はめて、庭の 草を 取りました。

考え方

1 (1)「雨が ふって きた」という事柄《ことがら》と「かさを 持って いなかった」という事柄《ことがら》は相反する関係なので、逆接のつなぎ言葉（接続語）を入れます。逆接とは、前と反対の事柄《ことがら》があとにくることです。(4)「運動も できる」という事柄《ことがら》と「ピアノも 上手だ」という事柄《ことがら》を並べているので、並《へい》立《りつ》のつなぎ言葉を入れます。並立《へいりつ》とは、前の事柄《ことがら》とあとの事柄《ことがら》を並べることです。

2 (4)「すすむ君は お母さんの 妹の むすこです。」と述べたあとで、「ぼくの いとこです」と別の言葉で言い換《か》えているので、前の事柄《ことがら》に説明を付け加える、説明のつなぎ言葉を入れます。

3 つなぎ言葉が正しく使われているかどうかを判断する問題です。(2)「……とったのに」→「……とったので」、(3)「……すれば」→「……したので」、(6)「それとも」→「それから」、(7)「しかも」→「なぜなら」などとなります。

4 (1)は順接のつなぎ言葉、(2)は逆接のつなぎ言葉、(3)は前に述べたことに付け加える（累加《るいか》）つなぎ言葉を使って一文にします。(1)は「……落ちていたから」、(2)は「……予定でしたけれど」などとしても正解です。

ハイレベル＋＋

38・39ページ

1 (1)イ (2)ア (3)オ (4)ウ (5)エ (6)カ

2 (1)(あ)イ (い)カ (2)(あ)ア (い)エ (3)(あ)ウ (い)オ

3 (1)例かべに 落書きを した。だから、おこられた。
(2)例ホットケーキを 作った。しかし、真っ黒に こげて しまった。
(3)例ナプキンを 広げた。そして、おべんとうを 食べた。

4 (1)(あ)例大声で 名前を よんだが、さなえちゃんは 気づかなかった。
(い)例大声で 名前を よんだ。しかし、さなえちゃんは 気づかなかった。
(2)(あ)例けしきが とても きれいだったので、写真を とった。
(い)例けしきが とても きれいだった。だから、写真を とった。

考え方

1 つなぎ言葉（接続語）の働きを確認《かくにん》する問題です。(1)は順接、(2)は逆接、(3)は対比・選択《せんたく》、(4)は説明、(5)は転換《てんかん》、(6)は並立《へいりつ》・累加《るいか》のつなぎ言葉です。

2 三つの文をつなぎ言葉でつなぐ問題です。(1)(い)「ケーキを やいた」という事柄《ことがら》に「お姉さんに てつだって もらった」という内容を補足しているので、「ただし」という説明のつなぎ言葉が入ります。(2)(あ)「に顔絵を かいた」→「お父さんに 見せた」と前に述べたことに付け加えているので、「そして」という並立《へいりつ》・累加《るいか》のつなぎ言葉が入ります。(3)(い)「一等で ゴールできた」という事柄《ことがら》に「クラスで 一番の タイムだった」という内容を付け加えているので、「しかも」という並立《へいりつ》・累加《るいか》のつなぎ言葉が入ります。

3 接続助詞が使われた文を、接続詞を使って二文に分ける問題です。(1)は順接、(2)は逆接、(3)は並立《へいりつ》・累加《るいか》のつなぎ言葉を使います。

4 二つの文を、接続助詞と接続詞を使ってつなぐ問題です。(あ)は接続助詞、(い)は接続詞を使うことに注意しましょう。(1)は逆接の接続助詞・接続詞、(2)は順接の接続助詞・接続詞を使います。

8 こそあど言葉に 注意しよう

標準レベル＋　40・41ページ

1 (1)ア　(2)イ　(3)ウ　(4)イ

2 (1)ここ・こっち・この　(2)そちら・それ・そこ　(3)あの・あれ・あちら　(4)どっち・どこ・どの〔(1)〜(4)それぞれ順不同〕

3 (1)ウ　(2)ウ　(3)ウ

4 (1)①それ　②そこ　(2)ア

考え方

1 こそあど言葉（指示語）の正しい使い方を確認《かくにん》する問題です。こそあど言葉とは、物事を指し示す働きをもつ言葉のことです。(1)は「テニスのラケット」という「もの」を指し示すので、「これ」を使います。(2)は売店のある「場所」を指し示すので、「あそこ」を使います。(3)は相手に近い「方向」を指し示すので、「そちら」を使います。(4)は「不特定のもの」を指し示すので、「どれ」を使います。

2 どこを指すかによって、使うこそあど言葉がかわることを確認《かくにん》する問題です。(1)の場合に使うこそあど言葉を総称《そうしょう》して近称《きんしょう》、(2)を中称《ちゅうしょう》、(3)を遠称《えんしょう》、(4)を不定称《ふていしょう》といいます。近称《きんしょう》は「こ」、中称《ちゅうしょう》は「そ」、遠称《えんしょう》は「あ」、不定《ふてい》称《しょう》は「ど」で始まる言葉を探しましょう。

3 こそあど言葉が指している内容をとらえる問題です。(1)「両手に　はめ」たものは何か、と考えます。(3)「市」「運動公園」「野球場」は、どれも場所を表す言葉ですが、練習試合が行われる場所なので、範囲《はんい》をより限定した「野球場」が正解です。

4 (1)①「ステーキ用の　肉」というものを指し示す言葉が入るので、「それ」となります。②「フライパン」の中という場所を指し示す言葉が入るので、「そこ」となります。(2)「その」は「肉の」と言い換《か》えられるので、ものを指しています。

ハイレベル＋＋　42・43ページ

1 (1)それ　(2)ここ　(3)あれ　(4)そちら(そっち・そこ)

2 (1)温室　(2)ねこ　(3)一時間後　(4)プードル

3 ①ウ　②イ　③ア　④ウ　⑤イ

考え方

1 適切なこそあど言葉（指示語）に書き換《か》える問題です。(1)は、相手がはさみを使っているという場面なので、中称《ちゅうしょう》の「それ」を使います。(2)は、自分が川原に着いたという場面なので、近称《きんしょう》の「ここ」を使います。(3)は、ビルの上のクレーンという、自分からも相手からも遠い所にあるものを指すので、遠称《えんしょう》の「あれ」を使います。(4)は、話している相手の住んでいる場所（方向）を指すので、中称《ちゅうしょう》の「そちら」「そっち」「そこ」などを使います。ここでは「そちら」を使うと、より丁寧《ていねい》な言い方になります。

2 こそあど言葉が指している内容をとらえる問題です。(1)「ここ」は場所を指し示すこそあど言葉なので、前の部分から場所に当たる言葉を探します。(2)の「それ」は、「かいたもの」を指すので、「画用紙」ではなく「ねこ」を指します。(3)は、「それまでに」と期限を示しているので、前の文から時を表す言葉を探します。(4)は、「あの　犬」とあるので、前の文から「犬」を表す言葉を探します。文中から書き抜《ぬ》くのではなく、自分の言葉で答えるときは、(3)「一時間後に　もどって　くる　とき」、(4)「お店の　前につながれて　いる　プードル」という答えになります。

3 こそあど言葉が指している内容をとらえる問題です。①アオサギがいた場所を限定しているので、「アオサギの　す」を指しています。②「こんな　ところ」という言い方に、人がたくさん通る場所にアオサギが巣を作ったことへの驚《おどろ》きが表れています。③直前の「きっと　人に　なれて　いるのだろう。」という部分が、書き手の「思っ」た内容です。④直前の『ギャー』と　いう　鳴き声」を受けています。⑤親がひなにやっていたものは何か、と考えます。

9 文の 組み立てに 注意しよう

標準レベル＋　44・45ページ

1 (1)(それぞれ上から)エ・ク　(2)ウ・カ　(3)ウ・カ　(4)イ・カ

2 (1)かさ(を)　(2)ふく　(3)買い物(に)　(4)なでた

3 (1)(右から)3・5・2・(1)・4
(2)(右から)5・(1)・2・4・3
(3)(右から)3・5・(1)・4・2

4 (1)ア　(2)エ　(3)ウ　(4)イ　(5)エ

考え方

1 文の中から主語と述語を見つける問題です。主語とは、文の中で「誰《だれ》が(は)」「何が(は)」に当たる言葉、述語とは、「どうする」「どんなだ」「何だ」「ある(いる・ない)」に当たる言葉です。まず述語を探し、それからその述語に対応する主語を探しましょう。

2 文の中から被修飾語《ひしゅうしょくご》を見つける問題です。被修飾語《ひしゅうしょくご》とは、修飾語《しゅうしょくご》によって詳《くわ》しく説明される言葉のことです。(1)・(3)は名詞を、(2)・(4)は動詞を詳《くわ》しくしています。

3 ばらばらになった文の順番を正す問題です。それぞれ、述語が最後に来るように並べましょう。(3)は、「広い　ちゅう車場の　ある」が最後に来るのではないので注意しましょう。また、「ちゅう車場」の前には「広い」という修飾語《しゅうしょくご》があるので、「大がたの」は「ショッピングセンター」を詳《くわ》しくしているとわかります。

4 文の基本形を確認《かくにん》する問題です。(1)「わたしは―たたんだ」のように、修飾語《しゅうしょくご》をすべて除いてから、主語と述語がどんな関係になっているかを考えましょう。(2)は、「ぞうが」が主語、「いる」が述語です。(3)の主語は、「ぼくが」ではなく、「すきなのは」です。(4)は、「会場は」が主語、「にぎやかだ」が述語です。(5)は、「本が」が主語、「あった」が述語です。

ハイレベル＋＋　46・47ページ

1 (1)例ぼくは　一人で　バスに　乗った。
(2)例わにが　大きな　口を　開ける。
(3)例妹の　ぼうしが　風で　とばされる。
(4)例わたしは　八百屋へ　買い物に　行った。
(5)例ぼくは　お母さんに　テストを　見せた。

2 (1)あ白い　いワンワン　(2)あ算数の　い教科書を
(3)あゆかに　い落とした

3 (1)わいたよ、おふろが。　(2)つめたいね、プールの　水が。
(3)いつだっけ、この前　会ったのは。
(4)例かわった　金魚が　たくさん　いるよ、水そうの　中に。

4 (1)①弟が　②わたしは　(2)消しました

考え方

1 文節を並べ替《か》えて文を完成させる問題です。(3)「妹の　ぼうしが」のように、切り離《はな》すことができない文節どうしを、まずまとめてみましょう。被《ひ》修飾語《しゅうしょくご》はある程度順番を入れ替《か》えても意味が通じることがありますが、修飾語《しゅうしょくご》の近くに置いたほうが意味が明らかになるということを覚えておきましょう。

2 文の組み立てを確認《かくにん》する問題です。文を図解することで、言葉の係り受けがはっきりわかります。(1)のあには「犬が」の修飾語《しゅうしょくご》、いには「鳴いた」の修飾語《しゅうしょくご》が入ります。(2)は、あといを合わせて「開いた」を詳《くわ》しくしています。(3)は、あといを合わせて「コップが」を詳《くわ》しくしています。

3 言葉の順序を並べ替《か》えて、倒置《とうち》の文にする問題です。それぞれ、述語を読点より前にもってきます。(4)は「たくさん　いるよ、水そうの　中に　かわった　金魚が。」などとしても正解です。

4 (1) ①の主語は「わたしが」ではないので注意しましょう。
(2) 述語が主語と離《はな》れているので注意しましょう。

チャレンジテスト ＋＋＋

48・49ページ

1 (1)あっち→どっち(どちら)
(2)どこ→あそこ
(3)その→この
(4)これ→それ

2 (1)ア　(2)イ　(3)ア

3 (1)例しかし
(2)ア
(3)例わたしたちは
(4)例きゅうりの苦み(きゅうりの苦さ)（7字）

考え方

1 間違《まちが》ったこそあど言葉（指示語）を正しく書き直す問題です。

(1)「山と　海」のうち、好きなほうを尋《たず》ねているので、「あっち」ではなく、不定称《ふていしょう》の「どっち（どちら）」を使います。

(2)「川の　向こう」という、自分からも相手からも遠いところにある場所を指し示しているので、「どこ」ではなく、遠称《えんしょう》の「あそこ」を使います。

(3) 妹が自分の「にぎりこぶし」を指し示しているので、「その」ではなく、近称《きんしょう》の「この」を使います。

(4) 相手の履《は》いている靴《くつ》を指し示しているので、「これ」ではなく、中称《ちゅうしょう》の「それ」を使います。

2 修飾語《しゅうしょくご》を適切な位置に入れる問題です。

(1)「山ほど」は「たくさん存在する様子」を表すので、「山ほど　お礼を言いました」という表現は不適切です。「りんごを　山ほど　もらった」としたほうが、自然な文になります。

(2)「ドボン」は、重いものが水の中に落ちる音を表すので、おふろに入るときの修飾語《しゅうしょくご》に合います。洋服を脱《ぬ》ぐときの様子を表す言葉としては不適切です。

(3)「ずいぶん」は「非常に」という意味で、「遠くまで」を詳《くわ》しくしています。「ずいぶん　父に　聞きました」という言い方は不適切です。

3 (1) 空欄《くうらん》に当てはまるつなぎ言葉（接続語）を考える問題です。①〝（私たちは）きゅうりといえば緑色のものを思い浮《う》かべる〟という前の事柄《ことがら》に対して、「これは　本来の　色では　ない」とあとで述べているので、逆接のつなぎ言葉が入ります。④も、「まだ　食べるには　早い」「苦さが　のこって　います。」と合図を送るきゅうりに対して、私たちは苦いことを「おいしいと　感じた」というのですから、逆接のつなぎ言葉が入ります。「でも」「けれども」なども正解です。

(2) 空欄《くうらん》に当てはまるつなぎ言葉を選ぶ問題です。本来は黄色になるきゅうりを、緑色のうちに食べていることを、「まだ　じゅくして　いないうちに　食べて　いる」と言い換《か》えています。したがって、前の内容を言い換《か》えるときに使う「つまり」が当てはまります。同じ働きのつなぎ言葉に「すなわち」などがあります。

(3) 文の主語を補う問題です。「食べて　いる」のは誰《だれ》かと考えます。12行目に「わたしたちは」という主語があり、――線③の文の主語として補うことができます。「人々は」なども正解です。

(4) こそあど言葉が指し示す内容を答える問題です。文章中からそのまま抜《ぬ》き出すのではなく、まとめる力が求められます。「少し　苦い」（8行目）、「苦み」（9行目）、「苦さ」（11行目）という言葉を使ってまとめましょう。「少し苦いきゅうり」などでも正解です。

10 詩を 読もう

標準レベル＋

50・51ページ

1 (1)イ
(2)にっぽんじゅう・二ねんせいの 子ども
(3)ア・エ

2 (1)手紙
(2)あ例読もうとさえ すれば みんな 手紙なのです
いイ

考え方

1 (1)「わたし(ぼく)と おんなじ 二ねんせいの 子ども」と「なかよし ともだちに なりたいな」と思っていることから、友達になれる子どもがたくさんいることを想像して、わくわくしていることが読み取れます。

(2) 二年生が日本中にどれだけいるだろうと言ったあとで、「みんなで」集まりたいというのですから、「みんな」とは日本中の二年生の子どもたちです。

(3) 前半と後半が、「わたし」と「ぼく」、「にっぽんじゅう」と「せかいじゅう」と、対《つい》になる構成であることに着目します。また、同じ表現を多く用いることでリズムが生まれています。よってア・エが正解です。

2 (1)「ゆうびんやさん」が、何をしに来るのかを考えてみるとよいでしょう。

(2) あ第三連は倒置法《とうちほう》です。「手紙なのです」は述語《じゅつご》なので、この言葉を最後にもってきましょう。い郵便として届く「手紙」でなくとも、心持ち一つで身の回りのあらゆるものが自分に何かを語りかけていると感じ取れるということを、「みんな 手紙なのです」と表現しています。

ハイレベル＋＋

52・53ページ

1 (1)五(連)
(2)ウ
(3)例ひとりで にらめっこ させる ため。
(4)例シャボン玉
(5)見えない 手
(6)はしから みどりに すりかえます
(7)イ

考え方

1 (1)「連」とは、詩の一行空きで区切られたまとまりのことです。したがって、この詩は五つの連からできています。

(2) この連では、噴水《ふんすい》について描《えが》かれています。噴《ふ》き出た水が四方八方に落ちるときの「水の 小さな かたまり」を、「せんまん(千万)の ほうせき」にたとえています。

(3) 第二連の最後に「ひとりで にらめっこ させようと…」とあるので、この部分を使ってまとめます。「何の ため」ときかれているので、文末は「……ため」としましょう。

(4) 息を吹《ふ》き込《こ》んだら虹色《にじいろ》の「玉」の形になって、高く上がるもの――それは、シャボン玉です。

(5) 第一～三連がそれぞれ「見えない 手が／……ます」で始まっていることに着目しましょう。この連も同じ構成になっています。

(6) 17行目と18～20行目は言葉の順序が入れ替《か》わっていて、普通《ふつう》は「きいろの 上に ぬる あおを／あおの 上に ぬる きいろを／夜《よ》が あけて いくように／はしから みどりに すりかえます」となります。

(7) 作者は、のぼりつめた噴水《ふんすい》が「せんまんの ほうせき」にかわることや、鏡の前のものがたちどころに二つになることなどを、「見えない 手」のしわざだと考えて、「素晴《すば》らしい ふしぎ」だと思っています。

11 かんさつ記ろく・手紙を 読もう

標準レベル＋ 54・55ページ

1 (1)例 せみの （よう虫の） 羽化　(2)例 一時間三十分くらい。　(3)あ白　い黄緑色　う茶色〔あ・い順不同〕　(4)ウ

2 (1)例 子ども科学館に いっしょに 行けなかった
(2)例 シャボン玉の 中に 入った
例 自転車を こいで 電気を 起こした 〔順不同〕
(3)ア　(4)夏の 大三角

考え方

1 (1) 4行目に「羽化《うか》の 始まり」とあります。「羽化《うか》する せみ（の よう虫）」などの書き方でも正解です。

(2) 動かなくなってから、殻《から》に割れ目ができるまでに「三十分くらい」、「さらに 一時間ほど」で完全に脱皮《だっぴ》したとあるので、合計約一時間半です。

(3) 殻《から》を出たばかりのときは「体は 白く、羽だけが 黄緑色」ですが、完全に脱皮《だっぴ》して体が乾《かわ》くにつれて「茶色」に変化していきます。

(4) 「からの 外に……ぬれて います」とあるので、ウが正解です。幼虫は土から出て羽化《うか》するので、アは不正解です。成虫は、幼虫の頭からではなく背中の割れ目から出てくるので、イも不正解です。

2 (1) 「謝《あやま》っていること」「どこかへ一緒《いっしょ》に行けなかったこと」を読み取ります。第二段落の「わたしも」に着目すると、まいちゃんと「わたし」が一緒《いっしょ》に行くはずだったのは「子ども科学館」だとわかります。

(2) ――線①が、直前の文の「……たり、……たり するのが おもしろかった」を受けていることに着目します。

(3) 「目の奥《おく》がつんとする」は、涙《なみだ》が出そうになる様子を表した言葉です。まいちゃんと一緒《いっしょ》に行けなかったことを、心から残念に思ったのです。

(4) プラネタリウムで見たものを、本物の空で一緒《いっしょ》に捜《さが》そうというのです。

ハイレベル＋＋ 56・57ページ

1 (1)ねん土で 作った すず（の こと。）　(2)例 音を 出す 役目。
(3)例 うすい
(4)持ち手・（小さい） 耳・角・（とがった） 鼻〔順不同〕
(5)あ例 耳が ぐにゃっと ならないように つける こと。
い例 羊毛の 感じを 出す ために、表面を でこぼこに した こと。
(6)三日間　(7)ティッシュペーパー
(8)あ2　い3　う1　(9)例 空の 色を した 羊の 土れい。

考え方

1 (1) 直後の「土れいとは……」に着目。どんなものかを説明しています。

(2) 順を追って読んでいくと、土鈴《どれい》を焼いたあとの部分で「これが……音を 出す 部分です。」（25行目）と小さい玉の役割が説明されています。

(4) 大玉を作ったあと部品をつけていきますが、羊のパーツ（耳・角・鼻）以外に、「持ち手」（13行目）があることに注意します。

(5) あ「何度も つけ直しました」（17行目）に着目。苦労して耳をつけたことが読み取れます。い形を作っているのは19行目まで。それ以前から工夫《くふう》を読み取ります。あいとも文末を「……こと」とします。

(6) 「できた 土れいを しばらく 日光で かんそうさせます。これには 三日 かかりました。」（20行目）とあります。

(7) 芯《しん》となる粘土《ねんど》を包んでいたものは何だったか、さかのぼって読み取ります。6行目にあるように、小さな粘土《ねんど》の玉は「ティッシュペーパー」で包まれていました。火にかけることで紙が焼け、玉だけ残るのです。

(8) 空の色（水色）→雲の色（白）→ニスの順で塗《ぬ》ったことが30行目以降に書かれています。

(9) 「羊」であること、「空の色」であることの二点が書けて正解です。「かわいい」こと、「カラカラと高い音がする」ことはあってもなくてもかまいません。

チャレンジテスト

58・59ページ

1

(1) ウ

(2) 例 夕日の　赤い　光。

(3) 例 ぼくらが、太陽(夕日)に　(言った　言葉)。

(4) イ

(5) ばんごはんが　まってるぞ

(6) 例 太陽が　朝に　なっても　出て　こない　こと。

(7) ウ

(8) ウ

考え方

1 (1) 前半と後半の、一字下がっている四行に着目します。

・前半……「さよなら　きみたち」→夕日が「ぼくら」に呼びかけている。

・後半……「さよなら　太陽」→「ぼくら」が太陽（夕日）に呼びかけている。

アは、前半も後半も同じ場面で、時間帯に違《ちが》いはないので不適切です。**イ**は、「ぼくら」が太陽にどなっていますが、怒《おこ》っているわけではないので不適切です。

(2) 「夕日が　せなかを　おして　くる／まっかな　うでで　おして　くる」とあるので、「まっかな　うで」は夕日の「うで」であることをとらえましょう。夕日の赤い光に背中から照らされる様子を、「まっかな　うでで　おして　くる」と表現しているのです。「夕日の光」であることが書けていれば、「赤い」という言葉はなくてもかまいません。

(3) (1)で見たように、詩の後半は「ぼくら」の側から書かれています。背中を押《お》してくる夕日に対して、「ぼくら」が「そんなに　おすな　あわてるな」と言っているのです。「だれが」「だれに」のどちらが抜《ぬ》けても不正解です。

(4) 空欄《くうらん》の直後の「ふりむき」という動作に合う言葉を考えましょう。「ぐるり」は、「くるり」よりも動作の力強さを感じさせる言葉です。**ア**「どさり」は、重い物が落ちる音を表す言葉です。**ウ**「ひらり」は、軽い物がひるがえる様子や、身をかわす様子を表す言葉です。

(5) 第一連の終わりの四行と第二連の終わりの四行が対応していることに着目します。こうした表現上の工夫《くふう》は、詩でよく見られます。「ばんごはんが　まってるぞ／あしたの　朝　ねすごすな」と呼びかける太陽に対して、「ぼくら」も同じ言葉を返しているのです。

(6) 「ねすごす」とは、起きる予定の時間を過ぎても寝《ね》ていることです。「太陽が寝過《ねす》ごす」とどうなるかを考えましょう。「朝になっても太陽が昇《のぼ》らない」ということが書けていれば正解です。「何が」「どうなる」のどちらが抜《ぬ》けても不正解です。「どう　なる　ことですか」ときかれているので、文末を「……こと」としましょう。

(7) 詩からは、遊んだあと、晩ご飯を楽しみに家に帰っていく子どもたちの様子が伝わってきます。したがって、**ウ**「夜に　なって　しまうという　あせり。」は不適切です。

(8) **ア**「夕日が　せなかを（8音）　おして　くる（5音）」「まっかな　うでで（7音）　おして　くる（5音）」のように、第一連の初めの四行と第二連の初めの四行はだいたい七音と五音でそろっていて、リズムがあります。**イ**「夕日」が「ぼくら」に「よびかける」というように、夕日がまるで人間であるかのように表現されています。このような表現技法を「擬人法《ぎじんほう》」といいます。言葉の順序を入れ替《か》える倒置法《とうちほう》は用いられていないので、**ウ**は当てはまりません。

12 場面・じょうけいを つかもう

標準レベル＋

60・61ページ

1 (1)イ
(2)(校舎の) むこうがわ
(3)まんぞくそうに
(4)(なかの いい) 友だち・(ひっこしの) かたづけ
(5)あや子は、

考え方

1 (1)「いつ」の出来事かをとらえるときは、日時や季節、行事、自然の描写《びょうしゃ》などを表す言葉を探します。11行目に「年末に この 町に ひっこして きました」とあり、今は「お正月」(16行目)も過ぎて、「きょうから ママが つとめに でる」とあるので、イ「年の はじめ」であることがわかります。

(2)最後の一文に「きょうは そこに いこうと 思って いた」とあります。「そこ」とは、直前の文の「校舎の むこうがわ」を指しています。

(3)行こうと思っている方向と、「あのねのね！」で人さし指がとまった方向が同じだったので、「まんぞくそうに うなずいて」います。

(4)直後の段落に、その理由が書かれています。引っ越《こ》しで「なかの いい 友だちと わかれなければ ならな」かったので、楽しい気分ではなかったこと、「ひっこしの かたづけが いそがしくて、ママの 手ぬき料理も つづいて い」ることが、その理由です。

(5)10行目「……歩きはじめました。」まではこの日の出来事で、11行目から回想が始まり、あや子がこの日、町を歩いてみようと思ったいきさつが書かれています。

ハイレベル＋＋

62・63ページ

1 (1)ウ
(2)㋐トウゾクカモメ ㋑例ルルを たべる ため。
(3)例(まっしろい) ゆきと 小石だらけの はらっぱ。
(4)ア・エ
(5)トウゾクカモメ・例こわい ものが かくれて いる
(6)イ

考え方

1 (1) 4行目の「おなかの へって いる ことも、わすれました」に着目して、夢中で滑《すべ》るルルの様子を読み取りましょう。

(2)㋐「くろい かげ」＝「ちゃいろい はねの 大きな 鳥」＝「トウゾクカモメ」と、すべて同じものを指していることを読み取ります。「何と いう 生き物」ときかれているので、「鳥」は不正解です。具体的な名称《めいしょう》で答えましょう。㋑トウゾクカモメは「わたしは、おまえを たべて しまうよ。」(14行目)と言っています。「つかまえるため」「おそうため」だけでは不正解です。

(3)ルルは得意の氷滑《こおりすべ》りで逃《に》げましたが、その逃《に》げている場所は「みわたす かぎり まっしろい ゆきと、小石だらけの はらっぱ」(22行目)なので隠《かく》れるところがなかった、と書かれています。

(4)「もう すぐ うしろに せまって きました」(20行目)、「かくれる ところが ありません」(23行目)から、ルルがトウゾクカモメに食べられそうになり、絶体絶命の状況《じょうきょう》にあることを読み取ります。

(5)29行目「でも」というつなぎ言葉(接続語)を境に、前には氷の割れ目に飛び込《こ》んだときのメリット、あとにはデメリットが書かれています。

(6)追い詰《つ》められた状態のルルは、いちかばちか氷の割れ目に飛び込《こ》んだのです。ルルの置かれた状況《じょうきょう》や心情をしっかりとらえましょう。

! 注意する言葉 まいおりる・せまる・さかだつ・おもいきる

13 気持ちの うつりかわりを つかもう ①

標準レベル＋ 64・65ページ

1 (1)例楽きが こわれて いるから。
(2)イ (3)イ (4)ア
(5)(はじめ)例(えんそうが したいけれど、)できる はずが ないと あきらめて いた。
(音が でたあと)例(えんそうが できるように なって、)よろこんだ。

考え方

1 (1) 直後に「こんなに こわれて しまって いて」とあることから、楽器たちがみんな壊《こわ》れていることがわかります。

(2) 「めいあん」とは、ピッコロがビオラの言葉を聞いて言った言葉です。どんな案なのか、ビオラの言葉から読み取ります。「こわれた 十の 楽きで、一つの 楽きに なろう」とは、みんなで協力して一つの楽器として演奏しようという意味です。

(3) 演奏ができないと思っていた楽器たちが、ビオラの提案で「できるかも しれない」と思い始めたという流れをつかむことが大切です。希望の光が見えて、木琴《もっきん》が明るい気持ちになったことを読み取ります。

(4) 21行目「楽きたちは……れんしゅうを はじめました。」以降に着目します。会話文や「まいにち まいにち れんしゅうが つづけられました。」から、楽器たちの懸命《けんめい》な様子をとらえます。

(5) 最初は壊《こわ》れていて演奏をあきらめていたのが、希望をもって一生懸命《いっしょうけんめい》練習した結果、最後には演奏ができるようになって喜んでいるという、楽器たちの気持ちの変化をとらえます。「あきらめて いた」は、「しょんぼりして いた」「元気が なかった」などでも正解です。

! 注意する言葉 めいあん・おどりあがる

ハイレベル＋＋ 66・67ページ

1 (1)例リュウが、ハトの 大ぐんに のみこまれ、いっしょに とんで いって しまった こと。
(2)イ (3)ウ
(4)例リュウが 帰って きた ことを うれしく 思う 気持ち。
(5)のんき

考え方

1 (1) 「あっと いう まの 出来事」とは、「だが、ぼくの よろこびは ……」(2行目)から「とんで いって しまったのだ」(11行目)までを指しています。

(2) リュウも、秀夫《ひでお》のハトのように帰ってこないかもしれないという気持ちになったのです。「からだから いっぺんに 力が ぬけて しまった」「まるで ワラ人形みたいに、ぼうっと」にも着目しましょう。

(3) 「あつい ものが こみあげる」は、感動したり深い悲しみを感じたりといった気持ちの高ぶりを表しています。青い空を見つめているうちに、リュウがいなくなったことに対する深い悲しみがわきあがってきたのです。

(4) 前後の文から、ここでの状況《じょうきょう》をとらえます。「リュウは 帰って きた」(23行目)、「万ざいを さけんで いた」(25行目)、「口笛を ふいたが、うれしくて、くちびるが ふるえて 音が うまく 出て こなかった」(33行目)とあります。これらから、「リュウが帰ってきたこと」を『ぼく』が非常に喜んでいることが読み取れます。

(5) 到着台《とうちゃくだい》に戻《もど》ってきたリュウの様子が書かれた部分を探します。「リュウは そんな のんきな ことを いって いるようだった」(39行目)から、「ぼく」の心配をよそに、リュウがのんきな様子に見えることが読み取れます。

14 気持ちの うつりかわりを つかもう ②

標準レベル＋ 68・69ページ

1 (1)きゅうしょく
(2)㋐ためいき
㋑例「ぼく」は クリームシチューが きらいな こと。
(3)ウ
(4)(ほし)ぶどう(だけ)
(5)きらい(にがて)・ビリ

考え方

1 (1) 文章を読み進めると、26行目に「きゅうしょく」という言葉が出てきます。

(2) ㋐直前にあるように、「ぼく」はクリームシチューを前にして、「ためいき」が出ています。
㋑直後の「シチュー きらい?」という言葉を使ってまとめましょう。また、「ゆうくんが クリームシチューを 食べるのを いやがっている こと。」などでも正解です。

(3) 「ぼく」が「いちばん にがてな ぶどうパン」の中のほしぶどうを食べたときの反応です。

(4) なぜ、パンが「あなだらけ」なのかを、直前の文から読み取ります。「ぼく」はほしぶどうが嫌《きら》いなので、ほじくり出したのです。

(5) この日の給食には、クリームシチューとぶどうパンという、「ぼく」が嫌《きら》いなものが出ています。「きらい」は、「にがて」(10行目)でも正解です。二つ目の理由は、——線④の直前に「だから」とあるので、その前に着目しましょう。一生懸命《いっしょうけんめい》食べても時間がかかって「ビリ」になってしまうことが理由として書かれています。

ハイレベル＋＋ 70・71ページ

1 (1)例またせて しまった
(2)例いそいで 食べようと 思ったから。
(3)ア
(4)㋐例はげましたい
㋑例「あしたこそ、ぜんぶ たべるぞ！」と いう ゆうきが わく気持ち。

考え方

1 (1) 1行目に「まあだ?」とあります。ゆりちゃんは給食当番なので、食べるのがいちばん遅《おそ》い「ぼく」が食べ終わるのを待っているのです。「ぼく」はゆりちゃんを待たせてしまったのが申し訳なくて、謝《あやま》っています。

(2) 「ぎゅうぎゅう おしこんで」という行動から、「ぼく」がパンを急いで食べようとしていることがわかります。「早く 食べおえたかったから。」などでも正解です。「なぜですか」ときかれているので、文末は「……から」「……ので」「……ため」などとしましょう。

(3) 直前の「パンを 口に ぎゅうぎゅう おしこんで」と、18行目の「パンが のどに つまった」に着目して考えます。「目を白黒させる」は、驚《おどろ》いたり苦しがったりして、目玉をきょろきょろ動かす様子を表す慣用句です。

(4) ㋐直後に「いつも、あとから ひとりで しょっきを もって いく ぼくを 田中《たなか》さんは やさしい えがおで はげまして くれる。」とあります。時間がかかっても、全部食べようと努力した「ぼく」を励《はげ》まそうと思っているのです。
㋑最後の四行に着目しましょう。「ちょっぴり げん気が 出る」「ゆうきも わいて くる」という表現を使って、「……気持ち」のようにまとめましょう。「……ゆうきが わいて いる。」「……げん気が 出て いる。」のような答え方でも正解です。

チャレンジテスト ＋＋＋ 72・73ページ

1

(1) 例ツバメが　羽を（いっぱいに）広げて　とんで　いる　ところ。

(2) ア

(3) 例ノブの　作った　ツバメの　ほね組みが　しっかり　できて　いるのを　みんなに　見せたいと　いう　気持ち。

(4) あ（坂本）先生（の）・例ノブの　ツバメを　みんなの　前で　ほめて、はげました　行動。　いウ

(5) 例「えこひいき。」と　言ったのが　だれかを　見つける　ため。

考え方

1 (1) 直後に着目して、ノブが何を作っているのかをとらえます。

・羽を　いっぱいに　広げて　とんで　いる　感じ（2行目）

・わりばしだけの　ツバメ（4行目）

この二つの部分から、ノブが作っているのは羽を広げて飛んでいるツバメだとわかります。何がどのようにしているところかを問われているので、それに合う形で答えます。「ツバメ」という言葉が抜《ぬ》けたり、単に「ツバメが　とんで　いる　ところ」と答えたりしただけでは不十分です。文末は「……ところ」としましょう。

物語文を読むときは、叙述《じょじゅつ》から場面の様子を想像しながら読むことが大切です。「二本の　わりばしを、十の　字に　して……しばりつける。」「ツバメの　体に　ふくらみを　持たせる……まきつけて　いた」などの部分から、どんなツバメを作っているのか頭に思い浮《う》かべながら読みましょう。

(2) 直後の「にんまりしながら」という言葉から、骨組みを上手に作ることができて、ノブが喜んでいることを読み取りましょう。「にんまり」とは、思い通りになり、満足して声を出さずに笑う様子を表しています。

登場人物の気持ちを読み取る際に、「うれしい」「悲しい」など直接気持ちを表す言葉がない場合は、人物の様子や言動に着目して考えます。

(3) 前後の先生の言動に着目します。

・「しっかり　ほね組みが　できて　いるわねえ」（15行目）

・「先生は　しっかり　できて　いるのを　見せる　つもりか」（17行目）

この二点から、先生が「ノブのツバメがよくできていると思っていること」「ノブのツバメをみんなに見せたいと思っていること」を読み取ります。

(4) あ「えこひいき」とは、自分の気に入った人に特に力を添《そ》えてかわいがることという意味です。「誰《だれ》が」「誰《だれ》を特にかわいがったのか」をとらえます。

・ノブが、わりばしでツバメの骨組みを作る。（1～7行目）

↓

・先生が、みんなの前で「しっかり　できて　いる」とほめる。（14～16行目）

↓

・「がんばって」と言って、ノブにツバメを返す。（23～24行目）

この直後に「えこひいき。」という言葉が出ているので、ノブをほめて励《はげ》ました先生の行動が、ノブを特別扱《あつか》いしたものだと感じて発せられた言葉だとわかります。「先生」が、「みんなの前でノブのツバメをほめた」ことが書けていれば正解です。

い「えこひいき。」という言葉を聞いたときのノブの様子に着目します。27行目に「ぞうっと　して　せすじが　寒く　なった。」とあります。「背筋が寒くなる」とは、恐《おそ》ろしくてぞっとする様子を表す言葉なので、ノブが恐《おそ》ろしさを感じていることがわかります。よって、正解はウです。

(5) 周りを見回してノブが考えたことを、直後からとらえます。「だれ、だれだったんだ」「竹内《たけうち》くんは　ちがうな」「ほかの　男子が　はん人に思えた」「だれだろうって　考えると」などから、「えこひいき。」と言った人物が誰《だれ》なのか捜《さが》していることがわかります。「はん人を　さがすため」と書いても可。「『えこひいき。』と言った人物」という要素が欠けている場合は不正解です。文末は「……ため」とします。

注意する言葉　にんまり・せすじが寒くなる・ふんとう

15 話題を つかもう

標準レベル＋

74・75ページ

1 (1)例どう やって 考えだされたのか(と いう こと)
(2)あ自由(またず) い注文 うやすく え高く
(3)ウ
(4)例ビール工場の ベルトコンベアを 見た こと。
(5)またずに・例食べた 分の ねだんが わかりやすく なったから

考え方

1 (1) 話題は、文章の初めのほうで「なぜ……でしょう。」「……に つい て 見て いきましょう。」のような形で示されます。この文章でも、第二段落に「……方ほうは、どう やって 考えだされたのでしょう。」とあります。

(2) あは、1行目に着目します。いは、「ふつうの すしや」について書かれている8行目以降に着目します。うは、21行目に「人手を へらせ」ること、27行目に「やすくて おいしい」ことが書かれています。えは、うを含《ふく》む文と対《つい》になっています。回転ずしと反対に、「人手が かかるので、すしの ねだんも 高く な」る（9行目）のです。

(3) 「そこで」は、前の事柄《ことがら》を受けて、その結果があとにくるときに使われるつなぎ言葉（接続語）です。

(4) 16行目に「思いついた」とあることがヒントになります。第五段落で、(1)でとらえた疑問の答えが説明されています。

(5) 直前に「こうして」とあるので、これより前の部分に着目します。一つ目は、23行目「またずに 食べられ」からとらえます。二つ目は、24行目「食べた 分の ねだんが、さらの 色や 数で、わかりやすく なりました」の部分をまとめます。

ハイレベル＋＋

76・77ページ

1 (1)ア (2)例タイヤの チューブを 水の 中に 入れて、空気が あわと なって 出て くる 場所を さがす。
(3)例（水の 中では、）空気が あわと なって 出て くるから。
(4)例パンクした 自転車の タイヤの チューブ・かわいた スポンジ・かわいた タオル・花だんの 土 〔順不同〕
(5)例土の 中にも 空気が ある こと。 (6)ア
(7)例水を なべの 中に 入れて あたためる 方ほう。 (8)ア

考え方

1 (1) 〝空気は目に見えない〟〝水の中では泡《あわ》になって見える〟と、前後の内容が反対になっているので、逆接のつなぎ言葉の「でも」が入ります。

(2) 3～7行目の内容をまとめます。「空気の泡《あわ》が出てくる場所を探す」が答えの核《かく》となる部分ですが、それだけでは不十分です。「タイヤのチューブを水の中に入れる」という前提条件まで書きましょう。

(3) 1・2行目に着目します。「水の中では泡《あわ》になる」ことが書けていれば正解です。理由を問う設問なので、文末を「……から」「……ので」「……ため」としましょう。

(4) 22行目までの部分から読み取ります。四つすべて書けて正解です。

(5) 直後の「これ」が〝土の中から出た泡《あわ》〟を指していることに着目します。「土の 中にも 空気が ある」ことが書けていれば正解です。

(6) これ以前で挙げた「パンクした自転車のタイヤのチューブ」や「かわいたスポンジ」などに加えて、〝空気を含《ふく》んでいるものはまだほかにもある〟と述べています。

(7) 直前の段落で書かれている方法をまとめます。「どんな 方ほうで」と問われているので、文末を「……方ほう」とします。

(8) いろいろなものに空気が含《ふく》まれていることを確かめるさまざまな方法を説明している文章です。よって、正解はアです。

16 大事な ところを つかもう

標準レベル＋ 78・79ページ

1
(1)ア
(2)例ヤギは しめり気が きらいで、かわいた 場所が 大すきだから。
(3)例水は 毎日 飲まなくても 平気だし、(やわらかい 草だけで はなく) 木の葉、め、小えだでも よろこんで 食べるから。
(4)ア・ウ
(5)例ヤギは 自分の 意しが はっきりして いるから。
(6)ア

考え方

1 (1) 直後に「ヤギは しめり気が きらい」とあります。「ヤギが 鳴けば 雨が ふる。」という言葉からは、雨が近づき湿《しめ》っぽくなったことをヤギが嫌《いや》がって鳴いているのだろうと考えていることが読み取れます。
(2) 直前に「その ため」とあるので、理由はその前に書かれています。
(3) ――線③の文が「その ために」で始まっていることに着目します。理由に当たる内容が前の二文に書かれています。
(4) ――線④が含《ふく》まれる文の「それ」は、〝ヤギはかたい枝でも平気→乾燥《かんそう》地《ち》や荒《あ》れ地でも飼える〟と述べた前の部分を受けています。よって、理由の一つ目は**ア**。次の文に「……も ヤギが 世界中で かわれて いる理由」とあるので、もう一つの理由は**ウ**。**イ**も**エ**も文章中にありますが、ヤギが世界中で飼われる理由としてはふさわしくないので不正解です。
(5) リーダーのようになるという結果の前に、原因として考えられること(ヤギは意思がはっきりしていること)を述べています。
(6) 「ヤギの じゅみょうは 十年から 十二年ほど」(5行目)とあるので、**ア**が正解。**イ**は「やわらかい」が、**ウ**は後半の内容が誤っています。

注意する言葉 きらう・切り開く・あたえる

ハイレベル＋＋ 80・81ページ

1
(1)例せいこうするか しっぱいするか わからないけれど、とりあえず やって みて、うまく いくように がんばって みる こと。
(2)ためして みる(ためす)・しっぱいする(かも しれない)・ど力する 〔順不同〕
(3)ウ
(4)例なかなか うまく いかなくて、くやしい 思いを たくさん するから。
(5)ウ (6)イ (7)(あ)トライ (い)自しん

考え方

1 (1) 直前の「それ」がその前の二文を指しているので、その内容をまとめます。「成功するか失敗するかわからない」けれど「やってみる」「頑《がん》張《ば》ってみる」という内容が書けていれば正解です。また、文末を「……こと」とします。
(2) 12行目の「この 三つ」の指すものが「三大ようそ」です。指示内容は前にあるのが原則なので、前段落から探します。
(4) ③以降の、「うまく なって やろう」と考えるまでの流れをつかみます。「うまくいかない(失敗ばかりする)」ので「悔《くや》しい思いをする」という内容が書けていれば正解。理由を答えるので、文末を「……から」「……ので」「……ため」とします。
(5) 指示語の原則に従って前から読み取ります。前段落では、練習を繰《く》り返して野球がうまくなっていくことが書かれているので、正解は**ウ**。
(6) 「その ときの 気持ちが 『自しん』です。」とあるので、前段落の内容をとらえます。「自分は、やれば できる」(37行目)という「ほこらしい」気持ちが自信です。
(7) この文章のキーワードである「トライ」と「自しん」を当てはめます。

注意する言葉 ためす・かくとく・ほこらしい

17 大事な ところを まとめよう

標準レベル＋ 82・83ページ

1 (1)ア・イ

(2)あ例肉や 魚の りょう理。

いア(金と おなじくらい) 高か

イ例ちょくせつ はこんで くれば、ばく大な りえきが えられる

(3)ア

(4)例コロンブスが さいごまで (バハマしょ島を) インドの 西の 島じまだと おもって いたから。

(5)あ新大りく(西インドしょ島、バハマしょ島)

い例金銀、ほう石、こうりょうなどから あがる りえきの 十分の一

考え方

1 (1) 5~7行目はコロンブスの言葉です。「インドへの こう路を ひらき、とみを もちかえるのだ。」とあるので、ア・イが○。ここでの「とみ」とは、特に「コショウや チョウジと いった、こうりょう」を指しています。

(2) あ直前に「ヨーロッパでは、肉や 魚の りょう理に、こうりょうが かかせません。」とあります。い香料《こうりょう》は「アラビアの 商人」を通して買うと「金と おなじくらい 高か」。そこで、「ちょくせつ はこんで くれば、ばく大な りえきが えられ」るとコロンブスは考えたのです。

(3) 前の内容にあとの内容を付け加えています。

(4) 「なぜ 『西インドしょ島』と いうのか」(23行目)と問いかけた直後で、「……と おもって いたからです」と理由を述べています。

(5) 航海から帰ったコロンブスがどのように迎《むか》えられたかは、最後の段落に書かれています。「金銀、ほう石、こうりょうなど」が「新大りく」から持ち帰ったものであることを、文脈から読み取りましょう。

ハイレベル＋＋ 84・85ページ

1 (1)例たまごを 何かに うみつけて、ペア(両親)で 守る 方ほう。

(2)例食べられて しまう たまごが あるから。 (3)ア

(4)あ例たまごを うむと すぐに 口の 中に かくして 子育てする 方ほう。

いエジプシャンマウスブルーダー

(5)ウ

(6)例何かに たまごを うみつけて、ペアで 守る 魚から、口の 中に いれて 守る 魚へと かわる とちゅうの タイプの 魚。

(7)ア

考え方

1 (1) エンゼルフィッシュの子育ての方法は、11~13行目に書かれています。文末は「……方ほう」としましょう。

(2) エジプシャンマウスブルーダーがたくさんの卵を産まなくていいのは、卵を「食べられないで すむ」(8行目)からです。逆に、卵を食べられる危険がある魚はたくさん卵を産みます。文末は「……から」とします。

(3) 問題は残ると述べたあとで、その具体的な内容を述べています。「また」(18行目)という並立《へいりつ》のつなぎ言葉の前後で、問題を二つ挙げています。

(4) あ直前の「これこそ」が指す内容が、「きゅうきょくの 子育て」の方法です。こそあど言葉の原則に従って前の内容をまとめます。い文章の冒頭《ぼうとう》で、口の中で子育てをする魚の例として「エジプシャンマウスブルーダー」が挙げられています。

(5) 前とあとで反対の内容を述べているので、逆接のつなぎ言葉が入ります。

(6) 直前に「そう 思って」とあります。どのように思って調べたのかを前の段落から読み取りましょう。

(7) 魚のさまざまな子育ての方法について述べた文章なので、正解はア。

! 注意する言葉 きゅうきょく

チャレンジテスト ✦✦✦　86・87ページ

1
(1)あ例しょ夏から　夏に　かけて（の　さなぎ）。
い例よう虫の　からだを　せい虫の　からだに　つくりかえる　ため。
(2)あ例さなぎの　皮を　やぶって、せい虫が　でて　くる　とき。
い例ちぢれて　いる。
(3)おり紙　(4)ア
(5)例はじめから　おりたたんだ　羽を　つくる　こと。
(6)あ2　い3　う1
(7)あアゲハチョウ　い羽化

考え方

1 (1) あ「この」というこそあど言葉（指示語）に着目。段落の初めにあるこそあど言葉は、その前の段落の内容を指していることが多いので、前の部分をしっかり読んで、「時期」を示した言葉をとらえます。

しょ夏から　夏に　かけて、サンショウの　木の　えだで……
この　時期の　さなぎは……

よって、「この　時期の　さなぎ」とは、「しょ夏から　夏に　かけての　さなぎ」ということになります。

い「さなぎに　なるのは……ためです。」（8〜10行目）という部分に着目します。「ため」という言葉があるので、その前に目的が書かれていることがわかります。「どう　する　ためですか」と問われているので、文末は「……ため」とします。

(2) あこそあど言葉の原則に従って、前から指示内容を探します。「さなぎから成虫が出てくる」という内容が書けていれば正解。「さなぎ」という言葉を使ってまとめましょう。「どんな　とき」と問われているので、「……とき」とします。

い「羽の　ようすを　よく　見て　ください」と述べたあと、「ちぢれて　います。」というように、羽がどんな様子であるか説明しています。

(3)「おり紙のように　たたんだ　羽」（15行目）とあります。「……のように」という言葉は、あるものの様子をわかりやすく説明するために、別のものにたとえるときに使います。ここでは、たたまれた羽の様子を、折り紙にたとえて表現しています。

(5) まず、——線⑤の「それ」というこそあど言葉が何を指しているのか、前の部分から指示内容をつかみます。

はじめから　おりたたんだ　紙を　つくる　ことは　できません
アゲハチョウは、それを　やって　のけて　いるのです

〝アゲハチョウが、初めから折りたたんだ紙を作る〟とはどういうことかを、(3)をヒントにして読み取ります。「折りたたんだ紙」＝「折り紙」は、「アゲハチョウのたたまれた羽」をたとえたものでした。よって、「折りたたんだ羽を作る」ことが書けていれば正解です。文末は「……こと」とします。

(6) 羽化《うか》した成虫のその後の変化については、直後に書かれています。

「細い　羽の　みゃくに　体えきを　流しこみ」…う
↓
「（体液を流しこんだ）あつ力で　じょじょに　羽を　のばします」…あ
↓
「のびきると、羽を　ひろげて、かわかします。」…い

よって、う→あ→いの順になります。

(7) 説明文で題名が問われる場合は、その文章の中心となる話題や事柄《ことがら》に着目します。文章全体の正確な読み取りができていないと答えられないので、注意しましょう。この文章で話題として取り上げられているのは「アゲハチョウ」で、特にその「羽化《うか》」について詳《くわ》しく述べているので、「アゲハチョウ」の「羽化《うか》」が正解です。

注意する言葉　やってのける・あつ力・じょじょ

18 物語文の カギを 手に 入れよう

標準レベル

88・89ページ

1
(1)例おいた カワウソが 自分たちの まんなかに とびこんで きた こと。
(2)イ
(3)ウ
(4)例おいた カワウソの、人間から 子カワウソを とりもどした
(5)ウ

考え方

1
(1) 二人が叫《さけ》んだ理由は、直後に書かれています。「老いたカワウソ」が「飛びこんできた」ことが書けていれば正解です。「水けむりがたった」ことや「子カワウソを助けにきた」ことだけでは不十分です。

(2) ――線②直後の老いたカワウソの様子に着目。「かりゅうどを にらみすえました」から、子カワウソをとらえようとした狩人《かりゅうど》に対して強い怒《いか》りをあらわにし、絶対に渡《わた》すものかと思っていることがわかります。

(3) 「ころしとう なく なった」(27行目)とあるように、肩《かた》を引き戻《もど》したのは、カワウソを撃《う》たせないため。息子《むすこ》の誕生日だったこともあり、子どもを守ろうとするカワウソの行動に、同じ親として心を打たれたのです。

(4) 狩人《かりゅうど》は銃《じゅう》を持っており、撃《う》たれる危険があるのに我《わ》が身を顧《かえり》みず子カワウソを助けにきた老いたカワウソを、勇敢《ゆうかん》だとたたえたのです。

(5) 「おしい ことを した」と言いつつも大声で笑っていることから、カワウソを逃《のが》したことに対して悔《くや》しさや怒《いか》りはないことがわかります。残念だと思いながらも、相手の気持ちにも理解を示しているのです。

注意する言葉 にらみすえる・ゆうかん・おしい

ハイレベル

90～93ページ

1
(1)あウ い例きのう、マミちゃんと ケンカを したから。
(2)例マミちゃんに 会わずに にげよう(と 思った)。
(3)イ (4)ア
(5)例さっきまで 絵も 色も ついて いなかった かさに、いろんな 顔の 絵が たくさん ついて いたから。
(6)⑥田中先生 ⑦未央(ちゃん)
(7)例まほうの かさでは ないかと 感じ、楽しい 気持ち。
(8)ごめん(ね)
(9)(「ごめんね」が、)のどの おくに ひっかかって
(10)例マミちゃんが 先に あやまって くれた・例自分も あやまろうと いう 気持ち
(11)ウ

考え方

1
(1) あマミちゃんが見えて「しまった!」と思っていることや、16行目で「このまま にげちゃおうかな……。」と思っていることから、マミちゃんに会いたくない気持ちがわかります。
い文章を読み進めると、26行目に「きのう ケンカした」とあります。ケンカをした翌日なので、マミちゃんに会うのが気まずかったのです。

(2) 「マミちゃんに会わずに逃《に》げよう」「マミちゃんの家から遠ざかろう」という内容が書けていれば正解です。

(3) マミちゃんに声をかけられて動けなくなり、「どう しよう。このまま にげちゃおうかな……。」と思っているので、**ア**は当てはまります。また、「じつは ちょっと うれしい 気も しました」(19行目)とあるので、**ウ**も当てはまります。**イ**は、文章中から読み取れないので当てはまりません。

(4)「もごもご」は、はっきりものを言わない様子を表す言葉です。

(5)32〜37行目から読み取ります。「さっきまで絵も色もついていなかった」「いろんな顔の絵がついている」という二点をまとめます。「なぜですか」ときかれているので、文末は「……から」「……ため」「……ので」としましょう。

(6)43〜48行目の会話から読み取ります。

(7)39行目「『へえ、じゃあ、まほうだったりして！』」／マミちゃんは、とても　楽しそうです。」とあります。25行目で「おもしろい　絵のかさだね！」と明るい声で言っていることからも、未央《みお》の傘《かさ》をおもしろがっている気持ちがわかります。

(8)・(9)55行目に「『ごめんね』が、のどの　おくに　ひっかかって、なかなか　出て　きません。」とあります。本当は「あのね、きのうのこと　ごめんね」と言いたかったのに、言葉がすらすらと出てこなかったのです。「言葉に詰《つ》まる」は、なんと言ってよいかわからず困ることや、言葉がすらすらと出てこないことを表します。

⑽「ので」の直前の空欄《くうらん》には、「マミちゃんが先に謝《あやま》ってくれた」という内容が書けていれば正解です。マミちゃんは、未央《みお》が謝《あやま》ろうとしていることを察して、自分から謝《あやま》ってくれたのかもしれません。そのような行動を受けて、未央《みお》も謝《あやま》る勇気を出そうとしたのです。二つ目の答えは、「自分も　あやまろうと　ゆう気を　出して　いる」などでも正解です。

⑾未央《みお》は、ケンカをしたマミちゃんに出くわして気まずい思いをしていましたが、マミちゃんが未央《みお》の傘《かさ》をおもしろがってくれたことをきっかけに話が弾《はず》み、「なかなおり」（64行目）をすることができました。したがって、**ウ**が正解です。**ア**「ふしぎな　かさの　力を　かりる　ことで」とありますが、未央《みお》は傘《かさ》の変化に気づいていなかったので、不適切です。**イ**「自分たちの　思いちがいに　気づいて」に当たる内容は、この文章からは読み取れません。

注意する言葉　あとずさり・おずおず

19 せつめい文の　カギを　手に　入れよう

標準レベル＋　94・95ページ

1

(1)小魚・（さまざまな）　生きもの（たち）

(2)イ

(3)・[例]生きものたちが　かくれる　すき間が　うばわれる

・[例]あさく　なる

(4)自然林

(5)ウ

考え方

1

(1)話題が再びウナギのことに戻《もど》る[4]に書かれている内容を読み取りましょう。「ウナギを　守る」ことは「その　餌《えさ》と　なる　小魚や　水にくらす　さまざまな　生きものたちも　守る」ことになるのです。

(2)日本の川の問題点が、[2]・[3]で述べられています。前の事柄《ことがら》にあとの事柄《ことがら》を並べたり付け加えたりするときに用いるつなぎ言葉（接続語）の「また」が入ります。

(3)一つ目は「生きものたちの　かくれる　すき間を　うばって　しまう」（17行目）をもとにまとめましょう。二つ目は「ふかくて　大きな　淵《ふち》も、土砂《どしゃ》で　埋《う》まり、あさく　なって　いる」（19行目）に着目します。

(4)源流の木を切ると、水の循環《じゅんかん》がうまくいかなくなり、川の水が減って、水質も悪化します。だから、「山を　自然林……に　もどして　いく　努力が　必要」（24行目）なのです。

(5)この文章の要旨《ようし》は[4]に書かれています。「……ことが　大事だ」という表現に着目して、ここから筆者が最も伝えたいことを読み取ります。筆者は、日本の川を、「たくさんの　生きものが　くらせる　川に　もどす　努力を　つづける　こと、その　意識を　もちつづける　こと」の大切さを訴《うった》えています。

ハイレベル＋＋　96・97ページ

❶
(1) あ例まわりの 温度の へん化で、体温が かわる せいしつ(を もつ 動物)。
い例温度へん化の すくない 場所で、冬みんして すごす。
うこう温動物
(2) 例とぶ 生活を する ため、多くの エネルギーを つかうから。
(3) ア
(4) あ△ い○ う○
(5) 例寒さの ために からだの はたらきが ともなわないから。
例食べ物の とぼしい 冬を のりきる ために、エネルギーを せつやくしたいから。〈順不同〉
(6) ア

考え方

❶(1) あ直前の一文に着目しましょう。「まわりの 温度の へん化で、体温も かわる ものが います」とあります。「どんな せいしつを もつ 動物」かときかれているので、「……せいしつ(を もつ 動物)」と答えましょう。「カエルや イモリなどの 両生るい、ヘビや カメなどの ハ虫るいのように」の部分は、具体例なので省きます。
い直後の二文に書かれています。冬は気温が下がって動けなくなるので、「温度へん化の すくない 場所で、わずかな こきゅうや 心ぞうの 動きだけで、死んだように 冬みん」するのです。「温度へん化の すくない 場所」で「冬みん」することが書けていれば正解です。

うはあと反対の性質なので、周りの温度が変わっても体温が変わらないという内容が書かれている部分を探します。9行目に「自分で 体温を 一定に たもてる こう温動物」とあります。
(2) 直前に「したがって」というつなぎ言葉(接続語)があることに着目しましょう。食べ物がたくさん必要である理由が、その前に書かれていることがわかります。11行目に「とぶ 生活を する ため、多くの エネルギーを つかい」とあるので、この部分を用いて、文末を「……から」「……ので」「……ため」としてまとめます。
(3) 空欄《くうらん》の前後の内容をとらえて、その関係を考えます。空欄《くうらん》の前では哺《ほ》乳類《にゅうるい》は恒温《こうおん》動物なので、本来は冬眠《とうみん》の必要がないことを述べています。一方、空欄《くうらん》のあとでは「哺乳類《ほにゅうるい》の中にも冬眠《とうみん》するものがいる」と、反対の内容を述べています。よって、逆接のつなぎ言葉の「ところが」が入ります。
(4) ヤマネ、コウモリ、シマリス型については、21〜26行目に書かれています。クマ型については、27〜29行目に書かれています。
・寒くなると体温が下がって、ぐっすり眠《ねむ》り、簡単に起きない。→い
・呼吸や脈拍《みゃくはく》の回数が普段《ふだん》より少なくなる。→う
・体温はほとんど変わらない。→あ
・うとうとしているだけで、刺激《しげき》を与《あた》えると、すぐに活動できる。
(5) 32行目「冬みんする ほにゅうるいは、……だけで なく、……ために」という表現に着目しましょう。哺乳類《ほにゅうるい》が冬眠《とうみん》する理由が、二つに分けて述べられています。一つは「寒さの ために からだの はたらきが ともなわない」こと、もう一つは「食べ物の とぼしい 冬を のりきる ために、エネルギーを せつやくして いる」ことです。理由をきかれているので、文末を「……から」「……ので」「……ため」としてまとめます。二つ目の答えを「食べ物の とぼしい 冬を のりきる ため」と書いただけでは、「エネルギーを せつやくする」という冬眠《とうみん》の目的が書かれていないので不十分です。
(6) この文章の前半には、変温動物の特徴《とくちょう》と冬眠《とうみん》の様子が書かれています。後半には恒温《こうおん》動物の特徴《とくちょう》が書かれていて、なかでも冬眠《とうみん》する哺乳類《ほにゅうるい》について詳《くわ》しく説明されています。したがって、**ア**が正解です。

注意する言葉　わずか・とぼしい

チャレンジテスト

98～101ページ

❶

(1) 例 しま馬に　あいさつする　こと。　(2) イ

(3) 例 (しま馬が　自分の　倍も　返事して　くれたので、)とても　うれしい　気持ち(に　なった)。

(4) あ ウ

い 例 近よった　とたんに　しま馬が　にげだすと　かなしいから。

(5) ア

(6) 例 ひとりぼっちが　とても　長くて、さびしかったと　いう　こと。

(7) イ

(8) 例 「おれが　ついて　いるよ」と　しま馬が　いったから。

(9) ア・ウ

(10) 例 さびしい　気持ち。

(11) 友だち

考え方

❶

(1) ――線①を含《ふく》む（　）の部分は、ライオンが心の中で思ったことです。ここから、ライオンがどんなことを無駄《むだ》だと思い、諦《あきら》めようとしたのかを読み取ります。「しま馬にあいさつする」という内容があれば正解。「どんな　こと」と問われているので、文末を「……こと」としましょう。設問では、ライオンが諦《あきら》めたことをきいているので、「しま馬に　あいさつしても　むだだと　いう　こと。」と答えた場合は不正解です。どう答えたら設問に合う解答になるのかという点にも注意しましょう。

(2) 「どぎまぎ」とは、不意を突《つ》かれてうろたえる様子を表す言葉です。しま馬と話すのを諦《あきら》めて帰ろうと思ったら、目の前にそのしま馬が立っていたので、ライオンはどぎまぎしたのです。7行目の（　）にある、ライオンの心の中のつぶやきに着目して答えましょう。

(3) 直後の「ひげが　ふるえるほど　うれしく　なり」に着目します。「しま馬が自分の倍も返事をしてくれた」という理由を含《ふく》めて答えていても正解です。

(4) い「……から、もう　すこし　ようすを　見よう」という表現から、――線④の直前に理由が書かれているとわかります。近寄った途端《とたん》に逃《に》げられると悲しいから、様子を見ようとしたのです。文末は「……から」「……ので」「……ため」とします。

(5) 「気をしずめる」とは、高揚《こうよう》した気持ちを落ち着かせること。ライオンが話しかけると、思いがけずしま馬からは優《やさ》しい返事があり、ライオンは「（すてき　すてき。）」とすっかり喜んでいます。喜びで「むねがはりさけそうに　な」るのを、落ち着かせようとしているのです。

(6) ライオンが話し始める前に「きみこそ、なんで　ひとりぼっちなの」としま馬がきいています。また、話を聞いたあとの「ふうん。さびしかったんだね」というしま馬の反応やその後のライオンの言葉から、ライオンがどんな話をしたのか読み取ります。文末を「……こと」とします。

(7) 41行目や44行目のしま馬の言葉に着目します。ライオンの話に耳を傾《かたむ》け、その寂《さび》しさを心から理解しようとしている様子が読み取れます。

(8) 前後のしま馬の言葉と53行目からのライオンの会話に着目します。しま馬は「すきなんだ。ひとりぼっちが。」（32行目）と言っていたし、家族や恋人《こいびと》もいるだろうと、ライオンは考えていたのです。だから、「おれが　ついて　いるよ」というしま馬の言葉はとても意外で、驚《おどろ》いたのです。理由を問われているので、文末を「……から」「……ので」「……ため」とします。

(9) ――線⑧を含《ふく》むしま馬の言葉から読み取ります。「何日でも　話し合える　相手が　ほしかった」（ウ）のに「相手が　いなかった」（ア）という点がしま馬の言葉と同じです。

(10) 「きみみたいに」とあるので、ライオンと同様の気持ちになるのです。

(11) 直後のしま馬の言葉に着目します。ライオンの言葉に共感して、繰《く》り返しています。

注意する言葉　どぎまぎ・はりさける・気をしずめる

チャレンジテスト

102~104ページ

1
(1) 大きな・真っ赤・新鮮
(2) レストラン
(3) ㋐ゼリー・プリン〔順不同〕
㋑食べ やすく なる
(4) ア
(5) ㋐例きのこの 菌糸の 働き(に よる)
㋑例多くの 昆虫に とって だいじな エサに なる こと。
(6) イ

考え方

1
(1) タマゴタケについての基本的な情報が書かれている1・2から読み取りましょう。2行目「大きな 傘《かさ》」とあるので、一つ目の空欄《くうらん》には「大きな」が当てはまります。二つ目の空欄《くうらん》には「……な」に続く言葉が当てはまります。1行目に「真っ赤な きのこ」とあります。2に「人が料理して おいしく 食べる ことが できるのは、新鮮《しんせん》な タマゴタケです」とあるので、三つ目の空欄《くうらん》には「新鮮《しんせん》」が当てはまります。「鮮」をひらがなで書いていても許容とします。

(2) タマゴタケにたくさんの生き物が集まって、夢中になって食べている光景を、「まさに レストランの にぎわい」(16行目)と表現しています。

(3) ㋐17行目に「くずれかけた タマゴタケは、ゼリーか プリンのようにも 見えて」とあります。「……のようだ」は、あるものを別のものにたとえるときの言い方です。ボロボロにくずれたタマゴタケを、やわらかいゼリーやプリンにたとえているのです。
㋑20行目に「きのこが くずれる ことで、きのこの 中に ふくまれる 栄養は、小さな 生きものたちに とっては 食べやすく なるようです。」とあります。

(4) 1から3までは、ボロボロになったタマゴタケにたくさんの小さな生き物が集まって、食べていることが書かれていました。4ではタマゴタケの話題から少し離《はな》れて、筆者の住んでいる家のクヌギのことを取り上げています。したがって、4はそれまでと話題を変えて、違《ちが》う例を挙げる役割を果たしています。

(5) ㋐直前に「その 働きで クヌギが くち木と なった」とあります。そこで、「その 働き」の指す内容を、さらに前からとらえましょう。35行目に「きのこの 菌糸《きんし》が クヌギの なかに 広がり、その 働きで……」とあるので、クヌギが「やわらかい くち木」になったのは、クヌギの表面に生えたきのこの菌糸《きんし》の働きによるとわかります。「何の 働きに よりますか」ときかれているので、文末は「……働き」「……働きに よる」などとしましょう。
㋑直後に着目しましょう。「やわらかい くち木」は、「クワガタムシの幼虫など 多くの 昆虫《こんちゅう》に とって だいじな エサにも なります」とあります。「昆虫《こんちゅう》のエサになる」という内容が書けていれば正解です。「どんな よい こと」ときかれているので、文末は「……こと」などとしましょう。

(6) この文章の要旨《ようし》は、まとめの段落である8に書かれています。「キノコは 森や 草原で、いのちを つなぐ だいじな 働きを して いる」というのが、筆者がこの文章で最も伝えたいことです。したがって、正解は**イ**です。**ア**「……めいわくな ものだ」は、筆者の考えと反対の内容です。**ウ**「キノコは、人間の いのちを ささえて くれる」という内容は、この文章からは読み取れません。キノコが支えているのは、たくさんの生き物たちの命です。

注意する言葉 育む・分解

しあげのテスト(1)

巻末折《かんまつお》り込《こ》み

1 ①(あ)さっか (い)けらい ②(あ)ぎょうかん (い)つうこう ③(あ)おし (い)おそ ④(あ)ほそ (い)こま ⑤(あ)すこ (い)すく

2 ①にゃあにゃあ→ニャーニャー ②しちゅう→シチュー ③ぷりん→プリン ④どあ→ドア ⑤ちゅうりっぷ→チューリップ

3 ①ア ②イ ③イ ④ア ⑤イ

4 ①○ ②× ③○ ④× ⑤×

5 (1)ウ
(2)(あ)めしべ (い)タネ
(3)イ
(4)自家受ふん
(5)虫
(6)(あ)美しい 花びら (い)あまい かおり (う)風ばい花
〔(あ)・(い)順不同〕

考え方

1 音や訓が二つ以上ある漢字の読みの問題です。①「家」には「カ・ケ」という二つの音があります。②「行」には「ギョウ・コウ」という二つの音があります。③「教」には「おし（える）・おそ（わる）」という二つの訓があります。送り仮名《がな》に着目しましょう。④「細」には「ほそ（い）・こま（かい）」などの訓があります。⑤「少」には「すこ（し）・すく（ない）」という二つの訓があります。

2 かたかなで書くのは、外来語や物音、動物の鳴き声などです。①・②・⑤かたかな表記の場合、長音（伸《の》ばす音）は「ー」で表します。①は動物の鳴き声、②～⑤は外来語です。

3 ①オ段の音を伸《の》ばす場合は、「う」をつけるのが原則です。②エ段の音を伸《の》ばす場合に「え」をつけるのは「おねえさん」「ええ」の二例のみなので、ここは「い」をつけます。③～⑤「じ・ぢ」「ず・づ」の使い分けの問題です。「ち・つ」が連続して濁《にご》る場合（例ちぢむ・つづける）や、元の言葉の表記が「ち・つ」で、上に別の言葉がついて複合語になる場合（例そこぢから・みかづき）は、原則として「ぢ・づ」を用います。⑤は「間＋近い」が複合語になっているので、「まぢか」と書きます。

4 ②「いつもは」の「は」は、ここでは主語を示すのではなく、「いつも」を強調するために使われています。「わたしは」「ぼくは」などの主語が省略された文です。③主語を表す言葉には、「……が」「……は」だけではなく「……も」「……だって」「……こそ」などもつきます。④「弟が」に対する述語は「買った」で、「遊びました」に対する主語は「ぼくは」です。⑤「日が」の「が」は、ここでは主語を示すのではなく、述語の対象を示します。「きらいです」に対する主語は「わたしは」です。

5 (1) 直前で、「花には花びらやがく、おしべ、めしべなどがある」と述べ、後ろで「イネには花びらもがくもない」と述べています。空欄《くうらん》①の前後で反対の内容になっているので、逆接のつなぎ言葉（接続語）の「しかし」が入ります。

(2) 直後に、「この 花ふんが……タネが できるのです。」とあります。この部分から、受粉してタネをつくるという花粉の役割を読み取ります。

(3) ――線③を含《ふく》む文が、「このように」というこそあど言葉で始まることに着目します。直前で「虫ばい花」がどんな花であるか説明したことを受けて、「……花を 『虫ばい花』と いいます。」とまとめています。

(4) 直後に「このように」とあるので、「花ふんが、すぐ 下の めしべに ついて 受ふんして しまう」こと＝「おなじ 花の おしべと、めしべで 受ふんして しまう」こと＝「自家受ふん」だと読み取れます。

(5) 35行目に「『虫ばい花』の 花は、虫の たすけを かりなければ 受ふんが できません。」とあります。そのため、美しい花びらや甘《あま》い香りやみつで虫を誘《さそ》っているのだということを読み取ります。

(6) 冒頭《ぼうとう》の「イネの花に美しい花びらや甘《あま》い香りがないのはなぜか」という疑問に対する答えが「イネが 『風ばい花』だから」であることをとらえます。

しあげの テスト⑵

巻末折《かんまつお》り込《こ》み

1 ①あ組　い細　②あ親　い新　③あ話　い語
④あ顔　い頭　⑤あ雪　い雲

2 ①イ　②ア　③エ　④オ　⑤ウ

3 ①例それで　②例ところで　③例なぜなら　④例けれど　⑤例ので

4 (1)(つくえの)　引き出し
(2)それ
(3)ア

5 (1)あ朝　い大イチョウ　(2)ウ
(3)例大イチョウの　ところに　行きたい
(4)切らずに　すむ
(5)(いえ、)見つけるわ
(6)例大イチョウが　切られずに　すむと　知って、ほっと　する　気持ち。

考え方

1 ①どちらも「糸(いとへん)」の漢字です。あ「組」の右側を「且」「目」などと書かないように注意します。②漢字の左側の部分が共通している漢字です。さらに、どちらの音も「シン」なので、混同しないように使い分けます。③どちらも「言(ごんべん)」の漢字です。④どちらも「頁(おおがい)」の漢字です。⑤どちらも「雨(あめかんむり)」の漢字です。「雨(あめかんむり)」は、主に気象に関係のある漢字につきます。

2 呼応の副詞の問題です。それぞれ、ア「たぶん……だろう(推量)」、イ「けっして……ない(打ち消し)」、ウ「まるで……ようだ(比喩《ひゆ》)」、エ「どうか……ください(願望)」、オ「もし……たら(仮定)」と呼応します。

3 ①前の文があとの文の原因・理由になっているので、順接のつなぎ言葉(接続語)に直します。「だから」「したがって」などでも正解です。②前の文とあとの文で話題が変わっているので、転換《てんかん》のつなぎ言葉に直します。「さて」などでも正解です。③前の文の理由をあとの文で説明しているので、後ろで理由を述べていることを示すつなぎ言葉に直します。④前の部分とあとの部分が反対の内容になっているので、逆接のつなぎ言葉に直します。「のに」などでも正解です。⑤前の部分があとの部分の原因・理由になっているので、順接のつなぎ言葉に直します。「から」などでも正解です。

4 (1)「その　おく」とあるので、「その」には場所を示す言葉が当てはまります。「写真が出てきたのはどこからか」を考えます。
(2)「あれ」は、話し手からも聞き手からも遠い場所にあるものを指すときに用います。今話題にしたばかりのものを指し示す場合は、「それ」を用いるのが適切です。
(3)「この　ぼうし」とあるように、「もの(事物)」を指しています。

5 (1)い友樹《ともき》たちは、大イチョウが切られると聞いて、大イチョウの前にやってきたのです。
(2)「胸がはりさける」は、悲しみなどで胸がいっぱいになって、耐《た》えられなくなることを表す表現です。友樹《ともき》は、大イチョウが切られると聞いて、悲しみで胸がいっぱいになっています。
(3)「ペダルを　ぐんぐん　こいだ」という行動から、友樹《ともき》が急いでいる様子がわかります。急いでいるのは、早く大イチョウのところに行って、大イチョウが切られるのを食い止めたいからです。「大イチョウを　たすけなければ」という答えでも正解です。
(4)友樹《ともき》たちは、桜木《さくらぎ》さんのしぐさを見て「切らずに　すむの?」と尋《たず》ね、桜木《さくらぎ》さんも「ええ」と答えています。
(5)桜木《さくらぎ》さんは、直前で「治療《ちりょう》方法は　きっと　見つかると　思うわ。いえ、見つけるわ」と言っています。「いえ、見つけるわ」は〝自分が必ず見つける〟という、桜木《さくらぎ》さんの強い意志が表れた言葉です。
(6)友樹《ともき》は大イチョウが切られずにすむと知って、安心して力が抜《ぬ》けたのです。「ほっとしている」「安心している」という内容が書けていれば正解です。

2 1 0 9 8 7 6 5 4 3
* * D C B A